essentials liefern aktuelles Wissen in konzentrierter Form. Die Essenz dessen, worauf es als „State-of-the-Art" in der gegenwärtigen Fachdiskussion oder in der Praxis ankommt. *essentials* informieren schnell, unkompliziert und verständlich

- als Einführung in ein aktuelles Thema aus Ihrem Fachgebiet
- als Einstieg in ein für Sie noch unbekanntes Themenfeld
- als Einblick, um zum Thema mitreden zu können

Die Bücher in elektronischer und gedruckter Form bringen das Expertenwissen von Springer-Fachautoren kompakt zur Darstellung. Sie sind besonders für die Nutzung als eBook auf Tablet-PCs, eBook-Readern und Smartphones geeignet. *essentials:* Wissensbausteine aus den Wirtschafts-, Sozial- und Geisteswissenschaften, aus Technik und Naturwissenschaften sowie aus Medizin, Psychologie und Gesundheitsberufen. Von renommierten Autoren aller Springer-Verlagsmarken.

Weitere Bände in der Reihe http://www.springer.com/series/13088

Oliver Schwedes · Alexander Rammert

Mobilitätsmanagement

Ein neues Handlungsfeld Integrierter Verkehrsplanung

Oliver Schwedes
Fakultät Verkehrs- und Maschinen-
systeme, Technische Universität Berlin
Berlin, Deutschland

Alexander Rammert
Fakultät Verkehrs- und Maschinen-
systeme, Technische Universität Berlin
Berlin, Deutschland

ISSN 2197-6708   ISSN 2197-6716   (electronic)
essentials
ISBN 978-3-658-30389-1   ISBN 978-3-658-30390-7   (eBook)
https://doi.org/10.1007/978-3-658-30390-7

Die Deutsche Nationalbibliothek verzeichnet diese Publikation in der Deutschen Nationalbiblio-
grafie; detaillierte bibliografische Daten sind im Internet über http://dnb.d-nb.de abrufbar.

Planung/Lektorat: Jan Treibel
Springer VS ist ein Imprint der eingetragenen Gesellschaft Springer Fachmedien Wiesbaden
GmbH und ist ein Teil von Springer Nature.
Die Anschrift der Gesellschaft ist: Abraham-Lincoln-Str. 46, 65189 Wiesbaden, Germany

Was Sie in diesem *essential* finden können

- Die Erklärung nachhaltiger Verkehrsentwicklung
- Die Begründung der Notwendigkeit von Verhaltensänderungen für eine nachhaltige Verkehrsentwicklung
- Der Beitrag des Mobilitätsmanagements für eine nachhaltige Verkehrsentwicklung
- Die Bedeutung des neuen Handlungsfelds Mobilitätsmanagement im Rahmen einer integrierten Verkehrsplanung
- Die Vorstellung der Akteure des Mobilitätsmanagements
- Die Maßnahmen des Mobilitätsmanagements

Einleitung

Das Mobilitätsmanagement gilt als ein zukunftsweisendes Handlungsfeld der Verkehrspolitik und -planung. Während die traditionelle Verkehrsplanung ihre Aufgabe bisher darin sah, die notwendige Infrastruktur zu bauen und die entstehenden Verkehrsflüsse in die richtigen Bahnen zu lenken, ist das Mobilitätsmanagement darauf gerichtet, das Mobilitätsverhalten der Menschen zu beeinflussen.

Obwohl die Idee des Mobilitätsmanagements schon vor 25 Jahren im Kontext des Öffentlichen Verkehrs entstand, ist sie bis heute nicht etabliert. Seine Vertreter*innen stellten sich seinerzeit die Frage, wie die Menschen dazu motiviert werden können, das eigene Auto stehen zu lassen, um stattdessen den Öffentlichen Verkehr zu nutzen. Wie ist es möglich, die Menschen davon zu überzeugen, dass der Öffentliche Verkehr besser ist als sein Ruf, so ein damals weit verbreiteter Slogan.

Trotz der vielfältigen Bemühungen, das Mobilitätsmanagement als eigenständiges Handlungsfeld der Verkehrsplanung zu etablieren, ist dies auch nach einem Vierteljahrhundert nicht gelungen. Dafür gibt es viele Gründe, auf die hier nicht eingegangen werden kann (vgl. Schwedes et al. 2018), ein wesentlicher Aspekt ist aus unserer Sicht die fehlende Operationalisierung des Mobilitätsmanagements im Kontext praktizierter Verkehrsplanung. Dadurch war das Mobilitätsmanagement für die traditionelle Verkehrsplanung lange Zeit nicht anschlussfähig.

Mit dem vorliegenden *essential* möchten wir einen Beitrag dazu leisten, das Mobilitätsmanagement als ein eigenständiges Handlungsfeld einer Integrierten Verkehrsplanung zu etablieren. Der Zeitpunkt erscheint uns günstig, existiert doch mittlerweile an der Hochschule RheinMain ein Studiengang Mobilitätsmanagement, in dem das neue Handlungsfeld einer jungen Generation von

Verkehrsplaner*innen vermittelt wird. Schon jetzt richten immer mehr Städte und Gemeinden die Position einer Mobilitätsmanagerin bzw. eines Mobilitätsmanagers ein.

In der zunehmenden Nachfrage nach Mobilitätsmanagement drückt sich eine veränderte Sicht auf Verkehr und Mobilität aus, die stärker als in der Vergangenheit den Menschen mit seinen spezifischen Anforderungen und Bedarfen in den Blick nimmt. Im Folgenden zeigen wir, wie im Rahmen des Handlungsfelds Mobilitätsmanagement eine menschengerechte Verkehrsentwicklung gestaltet werden kann.

Inhaltsverzeichnis

Mobilitätsmanagement und nachhaltige Verkehrsentwicklung

1

Die Bedeutung des Mobilitätsmanagements als neues Handlungsfeld einer integrierten Verkehrspolitik und -planung erschließt sich erst vor dem Hintergrund der historisch-spezifischen Genese der Verkehrswissenschaften. Als ihr Spiritus Rektor gilt der Ökonom Friedrich List, der schon Anfang des 19. Jh. die wirtschaftliche Bedeutung des Eisenbahnverkehrs erkannte: „Der wohlfeile, schnelle, sichere und regelmäßige Transport von Personen und Gütern ist einer der mächtigsten Hebel des Nationalwohlstandes und der Zivilisation" (List 1838, S. 1).

In der Folge realisierte man die starke Abhängigkeit einer prosperierenden Wirtschaft von einem funktionierenden Verkehrssystem sowie den engen Zusammenhang von Wirtschafts- und Verkehrswachstum. Daraufhin hat sich über die Verkehrs*wirtschaft* die Verkehrs*wissenschaft* als Hilfswissenschaft der Wirtschaftswissenschaft entwickelt. Die Verkehrswissenschaft ist dementsprechend durch zwei Disziplinen geprägt, die Ökonomie und das Bauingenieurwesen. Während sich die Verkehrsökonomen der Frage widmen, wie die Verkehrsmärkte gestaltet werden müssen, damit sie die Wirtschaftsentwicklung effizient unterstützen, entwickeln die Verkehrsingenieure jene für die Gestaltung der Verkehrsentwicklung notwendigen technischen Instrumente.

Verkehrspolitik und -planung befassen sich daher traditionell mit der Frage, wie der Verkehrsfluss in Anbetracht wachsender Verkehrsmengen als Ergebnis stetigen Wirtschaftswachstums aufrechterhalten werden kann (vgl. Leutzbach 1972; Schmucki 2001). Das handlungsleitende Ziel besteht bis heute vor allem darin, immer mehr Verkehr immer schneller über immer größere Distanzen zu organisieren: ‚höher-schneller-weiter'.

Mit dem Ziel, die zunehmenden Verkehrsmengen zu bewältigen und den Verkehrsfluss zu gewährleisten, konzentrieren sich Verkehrspolitik und -planung

1

folgerichtig darauf, die notwendige Infrastruktur zu errichten. Der zu überwindende Raum erscheint ihnen dabei als Verkehrshindernis, das es möglichst schnell zu überwinden gilt. Unter dieser Maxime besteht die Aufgabe von Verkehrsplanung lediglich darin, die entstehenden Verkehrsströme etwa durch Ampelschaltungen möglichst reibungslos zu managen.

Erst nachdem die für den Menschen negativen Folgen des Verkehrswachstums in den Blick gerieten, wurde eine Verkehrsplanung, die dem Paradigma ‚höher-schneller-weiter‘ folgt, zunehmend kritisiert. Als Anfang der 1970er Jahre 21.000 Verkehrstote gezählt wurden, hat man damit begonnen, Geschwindigkeitsbegrenzungen durchzusetzen, alkoholisiertes Fahren zu ahnden und am Ende des Jahrzehnts gegen heftige Widerstände sogar die Anschnallpflicht einzuführen.

In den 1980er Jahren traten zu den gesundheitlichen Schäden durch die Luftemissionen des Verkehrs noch die Umweltzerstörung. Das Wald- und Artensterben wurde von einer immer breitere Schichten der Gesellschaft erfassenden Umweltbewegung in direkten Zusammenhang mit der Verkehrsentwicklung gebracht und setzte damit die auf ein exzessives Verkehrswachstum gerichtete Verkehrspolitik und -planung zunehmend unter Legitimationsdruck (vgl. Radkau 2011). Die Antwort der traditionellen Verkehrsplanung war, eine an technischen Lösungen orientierte End-of-pipe-Strategie zu etablieren, die auf nachgelagerte Umweltschutzmaßnahmen setzt, ohne den Produktionsprozess zu verändern und das Wachstumsparadigma infrage zu stellen.[1]

Das änderte sich Anfang der 1990er Jahre, als die Ökologiedebatte mit der ersten Diskussion über den Klimawandel ihren vorläufigen Höhepunkt erreichte, und die der Historiker Joachim Radkau als Zeitenwende der Ökologiebewegung charakterisiert (ebd., S. 488 ff.). Von da an wurden nicht mehr nur die negativen Effekte einer Lebensweise kritisiert, die man ‚in den Griff‘ bekommen muss, vielmehr wurde nun die Abhängigkeit von endlichen Ressourcen grundsätzlich problematisiert. Im Zeitalter der Globalisierung erschien es nicht mehr denkbar, die expansive Lebensweise von zehn Prozent der Weltbevölkerung, die in den entwickelten Industrieländern leben, auf die restlichen 90 % zu übertragen.[2]

---

[1]Beispiele sind Lärmschutzmaßnahmen, das Filtern von Luftemissionen, sowie die CO_2-Speicherung.

[2]Das war auch schon die zentrale Einsicht des zwanzig Jahre zuvor erschienen Berichts „Grenzen des Wachstums“ an den *Club of Rome* (vgl. Meadows und Meadows 1972). Eines von vielen Beispielen, die zeigen, wie lange es mitunter dauert, bis wissenschaftliche Erkenntnisse es auf die politische Agenda schaffen.

Während es anfangs noch so aussah, als könnten die erneuerbaren Energien einen Ausweg weisen, ohne dass die gewohnte Lebensweise infrage gestellt werden muss, hat sich mittlerweile die Einsicht verbreitet, dass die auf Wachstum ausgerichtete Lebensweise sowie der damit verbundene Ressourcenverbrauch grundsätzlich überdacht werden sollten und wir unser Leben dementsprechend neu organisieren müssen (vgl. Luks 2010).

Das Elektroauto zeigt exemplarisch die Grenzen technologischer Innovationen auf und verweist zugleich auf die notwendigen sozialen Innovationen, die entsprechende Verhaltensänderungen erfordern (vgl. Schwedes 2020). Denn eine Reduktion der Regelgeschwindigkeit innerorts von 50 auf 30 Stundenkilometer, wie sie vom Deutschen Städtetag seit rund 40 Jahren gefordert wird, könnte tatsächlich zu einer signifikanten Lärmminderung beitragen – unabhängig von der Antriebstechnologie – und auf diese Weise zu einer gesteigerten Lebensqualität in den Städten führen. Diese Form der Entschleunigung ist aber eben keine technische, sondern eine soziale Innovation, insofern sie von den Menschen eine Verhaltensänderung erfordert. Neben dem Verkehrswachstum steht damit auch die zweite Dimension des verkehrsplanerischen Paradigmas ‚höher-schneller-weiter' zur Disposition.

Damit rückt seit den 1990er Jahren der Mensch und sein Verhalten zunehmend in den Fokus der Verkehrswissenschaften. Hier setzt das neue Handlungsfeld des Mobilitätsmanagements an, das sich mit der Frage befasst, wie die Verkehrsmittelwahl der Menschen beeinflusst werden kann (vgl. FGSV 2018). Hatte sich Verkehrsplanung bisher darauf beschränkt, Verkehrsmengen quantitativ zu erheben und in die richtigen Bahnen zu lenken, mit dem Ziel den Verkehrsfluss aufrecht zu erhalten, ist das Mobilitätsmanagement darauf gerichtet, die Mobilität der Menschen zu beeinflussen.

Indem das Handlungsfeld Mobilitätsmanagement gesellschaftliche Möglichkeitsräume zum Thema erhebt, eröffnet es eine neue verkehrspolitische und -planerische Zieldimension. Während der Erfolg von Verkehrsplanung bisher an quantitativen Größen der Erreichbarkeit bewertet wurde (Angebot an Verkehrsmitteln, Ausbau der Verkehrsinfrastruktur etc.), bemisst sich der Möglichkeitsraum an individuellen Bedarfen, die nicht notwendigerweise mit einer zusätzlichen Verkehrsnachfrage verbunden sind. Wie die angeführten Beispiele gezeigt haben, gibt es Menschen die sich gesellschaftliche Teilhabe leisten können, ohne auf ein umfangreiches Verkehrsangebot angewiesen zu sein. Andere wiederum sind dazu gezwungen, einen überproportionalen Anteil ihres Einkommens für den Pendlerverkehr auszugeben und erreichen dennoch – oder gerade deswegen – nur einen geringen Möglichkeitsraum und infolgedessen einen prekären Lebensstatus.

Mit der neuen Planungsdimension des Mobilitätsmanagements eröffnen sich zugleich neue Handlungsoptionen. Waren Verkehrsplanung und -politik beispielsweise mit Blick auf den pendelnden Geringverdiener bisher darauf gerichtet, die Erreichbarkeit des Arbeitsplatzes über immer größere Distanzen etwa durch Subventionen wie die Entfernungspauschale zu unterstützen, rückt das Mobilitätsmanagement durch die Betrachtung von Möglichkeitsräumen vielfältige weitere Maßnahmen in den Blick. Diese könnten beispielsweise darauf zielen, Geringverdiener darin zu unterstützen, zukünftig weniger darauf angewiesen zu sein, immer größere Pendlerdistanzen zu überwinden. Durch die Reduktion der Pendeldistanz und des PKW-Besitzzwangs, eröffnen sich für die betroffene Person gänzliche neue Möglichkeitsräume: mehr Mobilität durch weniger Verkehr. Eine solche Strategie, die auf Nahbeziehungen zielt, richtet sich zugleich gegen die dritte Dimension des verkehrsplanerischen Paradigmas ‚höher-schneller-weiter‘.

Indem das Mobilitätsmanagement damit neue verkehrsplanerische Denkhorizonte eröffnet, die es erlauben, mit dem alten Wachstumsparadigma zu brechen und auch die Möglichkeit einer Verkehrsreduktion zu denken, ohne die individuelle Mobilität einzuschränken, trägt es zu einer neuen Qualität nachhaltiger Verkehrsentwicklungspolitik und -planung bei.

Im Folgenden werden wir systematisch entfalten, wie das Handlungsfeld Mobilitätsmanagement im Rahmen einer Integrierten Verkehrsplanung neue Perspektiven auf eine nachhaltige Verkehrsentwicklung eröffnet. Zuvor wollen wir aber auf die aktuellen Herausforderungen einer modernen Verkehrsplanung eingehen, um den dringenden Bedarf des neuen Handlungsfelds Mobilitätsmanagement zu begründen.

Die Herausforderung moderner Verkehrsplanung

2

Bevor wir den konzeptionellen Ansatz des Mobilitätsmanagements vorstellen, skizzieren wir drei zentrale Herausforderungen, mit denen sich Verkehrspolitik und -planung konfrontiert sehen und die von ihr neue Antworten erfordern. Das Mobilitätsmanagement ist das neue Handlungsfeld integrierter Verkehrsplanung, in dem diese Antworten gefunden werden können.

2.1 Die ökonomische Herausforderung: Verkehrswachstum

Gemessen am Basisjahr 1990 hat der Verkehrssektor bis heute keinen Beitrag zur Bekämpfung des Klimawandels geleistet. Vielmehr ist er der einzige gesellschaftliche Sektor, in dem die CO_2-Emission weiter steigen (vgl. Abb. 2.1). Wie lässt sich erklären, dass in allen anderen gesellschaftlichen Bereichen Erfolge zu verzeichnen sind, nicht aber im Verkehr?

Ein Schlüssel für das Verständnis des stetigen Verkehrswachstums liegt in der eingangs schon erwähnten Bedeutung des Verkehrs für die wirtschaftliche Wohlfahrt im Rahmen einer kapitalistischen Wirtschaftsweise und das damit angestrebte Wirtschaftswachstum. Hierbei spielt insbesondere die Produktivkraftsteigerung durch Arbeitsteilung eine Rolle, wie sie der Ökonom Adam Smith schon im 18. Jahrhundert am Beispiel einer Stecknadelmanufaktur eindrucksvoll beschrieb: „Ein Arbeiter, der noch niemals Stecknadeln gemacht hat, und auch nicht dazu angelernt ist, sodass er auch mit den dazu eingesetzten Maschinen nicht vertraut ist, könnte, selbst wenn er fleißig ist, täglich höchstens eine, sicherlich aber keine zwanzig Nadeln herstellen." Die Aufteilung des Produktionsprozesses in 18 Arbeitsschritte aber steigere die Nadelproduktion gewaltig:

O. Schwedes und A. Rammert, *Mobilitätsmanagement,* essentials, https://doi.org/10.1007/978-3-658-30390-7_2

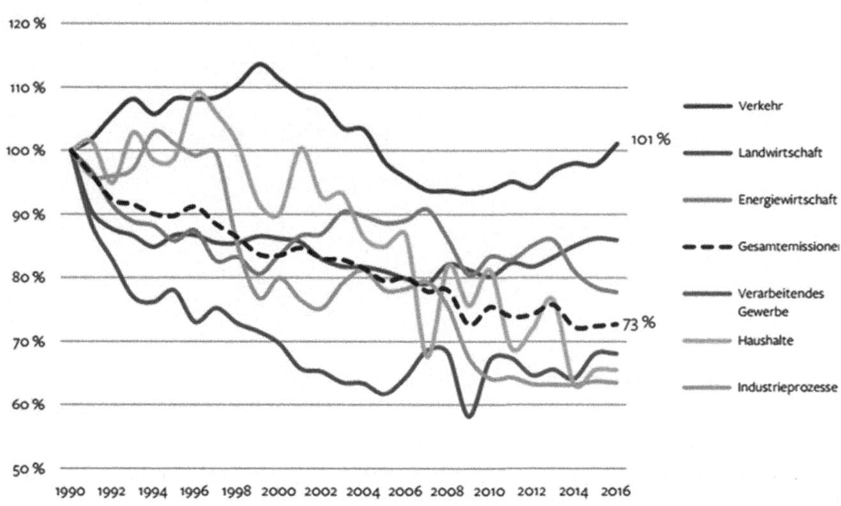

Abb. 2.1 CO_2-Emissionen nach Sektoren. (SRU 2017, S. 14)

„Ich selbst habe eine kleine Manufaktur dieser Art gesehen, in der nur 10 Leute beschäftigt waren, sodass einige von ihnen zwei oder drei solcher Arbeiten übernehmen mussten. Obwohl sie nun sehr arm und nur recht und schlecht mit dem benötigten Werkzeug ausgerüstet waren, konnten sie zusammen am Tage doch etwa 12 Pfund Stecknadeln fertigen (…), etwa 48 000 Nadeln" (Smith 2009, S. 9 f.).

Diese arbeitsteilige Ausdifferenzierung hat sich bis heute stetig fortgesetzt. Während Smith jedoch noch die Arbeitsteilung unter einem Dach vor Augen hatte, wurden schon bald danach einzelne Arbeitsschritte ausgelagert in andere Produktionsstandorte im selben Dorf, derselben Stadt, derselben Region. Heute hat sich eine globale Arbeitsteilung etabliert, die es erlaubt, dass an vielen Orten der Welt günstig Teile produziert werden, die in Deutschland schließlich zu einem Auto zusammengesetzt werden. Denkbar ist dies alles nur auf der Basis internationaler Logistikketten, mit denen die einzelnen, räumlich getrennten Arbeitsschritte wieder zusammengeführt werden. Hierdurch wird eine Wachstumsspirale befeuert, die dazu führt, dass immer mehr Verkehr, immer schneller, über immer weitere Distanzen organisiert werden muss.

Dieser Entwicklungsdynamik ist einerseits der bis heute steigende Wohlstand der Nationen zu verdanken, andererseits aber eben auch das dazu notwendige Verkehrswachstum mit seinen negativen Effekten (vgl. Schwedes 2017).

Zwar konnten in den letzten Jahrzehnten durch technische Innovationen in der Motorenentwicklung der Benzinverbrauch und in der Folge die CO_2-Emissionen kontinuierlich reduziert werden. Zudem werden die im Verkehrssektor genutzten Materialien in wachsenden Maße recycelt, auch hier kann die Automobilindustrie angeführt werden, wo Autos mittlerweile zu 20 bis 30 % aus wieder verwendeten Rohstoffen produziert werden. Dennoch sind die hier erreichten Erfolge in derselben Zeit durch das stetige Verkehrswachstum wieder aufgezehrt worden. Wenn einerseits weniger Benzin verbraucht wird, werden andererseits längere Strecken zurückgelegt. Diejenigen, die Autos mit recycelten Materialien herstellen, produzieren heute mehr Autos als jemals zuvor, die zudem immer größer und schwerer werden.

Hinzu kommt, dass die beschriebene Produktionsweise mit ihrer *arbeitsteiligen* Ausdifferenzierung die Grundlage bildet für eine *soziale* Ausdifferenzierung, die sich in einem extensiven privaten Lebensstil äußert, der in zunehmendem Maße auf Verkehr angewiesen ist und das Verkehrswachstum zusätzlich befeuert. Während früher (Groß-)Familien nicht nur unter einem Dach gelebt, sondern auch produziert haben, ist die (Klein-)Familie heute nur noch eine private Lebensform unter anderen. Daneben gibt es die wachsende Zahl von Alleinerziehenden- und Single-Haushalten, die dieselben Wege zurücklegen, wie zuvor die Groß- beziehungsweise Kleinfamilie. Dadurch, dass die Wege nun aber nicht mehr gebündelt, sondern vorwiegend individuell zurückgelegt werden, fallen in der Summe mehr Wege an. Hinzu kommen die Alleinlebenden, die zwar eine Beziehung eingehen, aber Wert auf einen eigenen Haushalt legen, oder aufgrund ihrer beruflichen Situation auf mehrere Wohnsitze angewiesen sind. Für diese Paare gilt unter verkehrlichen Gesichtspunkten grundsätzlich dasselbe wie für die Singlehaushalte, um sich zu treffen, müssen die Partner*innen aber auch noch zusätzliche Wege machen.

Aus den beschriebenen Entwicklungen folgt die basale verkehrswissenschaftliche Einsicht, dass es zusätzlich zu den technischen Innovationen und der effektiven Ressourcennutzung im Verkehrssektor notwendig ist, unser gemeinsames Wirtschaften wie auch unser privates Zusammenleben so zu organisieren, dass die zu überwindenden Distanzen verringert und in der Folge das Verkehrsaufkommen wie auch die Geschwindigkeit reduziert werden können.

Hier setzt das Mobilitätsmanagement an, indem es im Sinne der übergeordneten verkehrspolitischen und -planerischen Ziele auf das Handeln der Menschen einwirkt.

2.2   Die ökologische Herausforderung: Grenzen des Wachstums

Das Verkehrswachstum hat nicht nur die Erfolge bei der Einsparung des Ressourcenverbrauchs immer wieder konterkariert, es hat überdies den Verbrauch natürlicher Ressourcen jahrzehntelang insgesamt rasant gesteigert. Zwar ist der Verkehrssektor nicht der einzige gesellschaftliche Bereich, der zum Ressourcenverbrauch beiträgt, er ist aber einer der bedeutendsten Sektoren und stellt aufgrund seiner rasanten Wachstumsdynamik zudem eine besondere Herausforderung dar. Das gilt insbesondere vor dem Hintergrund globaler Entwicklungstrends, die nahelegen, dass die aufstrebenden Nationen wie China und Indien, aber auch afrikanische Länder, eine ähnliche Verkehrsentwicklung durchlaufen, wie die entwickelten Industrieländer (vgl. Schwedes 2017).

Der weltweite Ressourcenverbrauch wird seit über 20 Jahren im „Living Planet Report" dokumentiert, den alle zwei Jahre der *World Wide Fund For Nature* (WWF) veröffentlicht. Während der sogenannte „Ökologische Fußabdruck" die wachsende Nachfrage nach produktiven Flächen repräsentiert, steht die „Biokapazität" mit den auf unserem Planeten zur Verfügung stehenden Regenerationsflächen für das ökologische Angebot.[1] Seit 1970 übersteigt der weltweite Ressourcenverbrauch in wachsenden Maße die Regenerationsfähigkeit der Erde und das Verhältnis von ökologischem Angebot und menschlicher Nachfrage driften immer weiter auseinander (vgl. Abb. 2.2).

Unter allen Komponenten, die den Ökologischen Fußabdruck formen, dominiert seit mehr als 50 Jahren der Kohlenstoff bzw. das Klimagas Kohlendioxid (CO_2), das bei der Verbrennung von fossilen Energieträgern entsteht. Sein Anteil am gesamten Ökologischen Fußabdruck wächst seitdem kontinuierlich und liegt heute bei 60 %. Der Verkehr ist mit rund 20 % einer der größten CO_2-Produzenten, wobei der Autoverkehr mit 90 % den bei weitem größten Anteil erzeugt.

Darüber hinaus trägt der Verkehr zum Flächenverbrauch bei (vgl. Becker 2016). In Deutschland hat sich die Siedlungs- und Verkehrsfläche in den letzten 60 Jahren mehr als verdoppelt. Aktuell werden täglich immer noch knapp 60 ha

---

[1]Sowohl der Ökologische Fußabdruck als auch die Biokapazität werden in einer Einheit ausgedrückt, die „globaler Hektar" (gha) genannt wird, wobei 1 gha einem biologisch produktiven Hektar Land mit weltweit durchschnittlicher Produktivität entspricht.

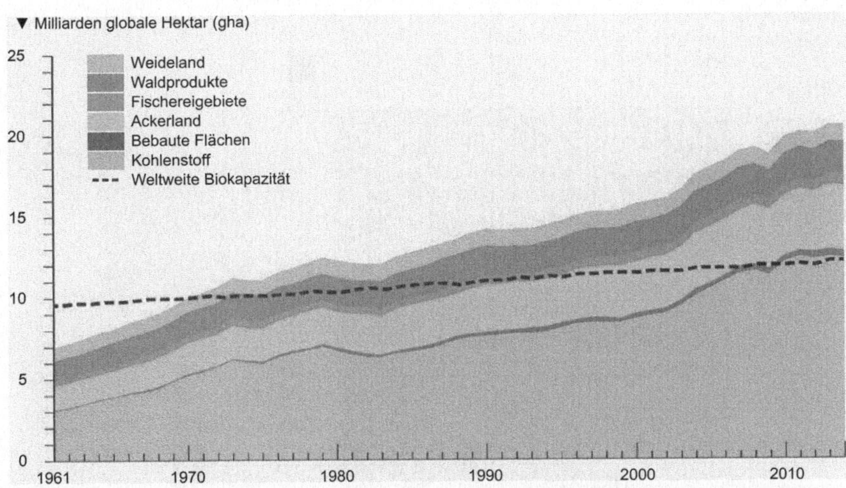

Abb. 2.2 Der Ökologische Fußabdruck des menschlichen Verbrauchs pro Fläche in globalen Hektaren (1961–2014). (WWF 2018, S. 30)

(etwa 84 Fußballfelder) zusätzlich verbraucht, wobei der Anteil der Verkehrsfläche 23 ha beträgt. Auch hier beansprucht der Autoverkehr im Vergleich der Verkehrsmittel bei weitem die meiste Fläche (vgl. Abb. 2.3).

Insgesamt beansprucht der Verkehr zwar nur rund 5 % aller zur Verfügung stehenden Flächen, allerdings bewirkt die engmaschige Verkehrsinfrastruktur eine weiträumige Landschaftszerschneidung und Verinselung, die sich negativ auf Flora und Fauna auswirken. Das ist ein Grund dafür, dass der Wirbeltierbestand seit 1970 um 60 % zurückgegangen ist (vgl. WWF 2018).

Ausgehend von der Einsicht, dass das Wohlergehen der Menschen insbesondere von den Ökosystemleistungen abhängig ist, stellt die skizzierte Umweltzerstörung eine ebenso existenzielle Bedrohung dar wie der Klimawandel (vgl. UN Environment 2019). Dabei kommt dem Verkehrssektor eine große Bedeutung zu, wobei auch hier, wie im Falle der CO_2-Emissionen, der Autoverkehr die bei weitem größte Herausforderung darstellt. Eine integrierte Verkehrspolitik und -planung muss darauf hinwirken, dass die Menschen ihr Mobilitätsverhalten zugunsten nachhaltiger Verkehrsmittel ändern.

Hier setzt erneut das Mobilitätsmanagement an, indem es einerseits Maßnahmen entwickelt, die das Autofahren weniger attraktiv gestalten und andererseits möglichst überzeugende Alternativen anbietet.

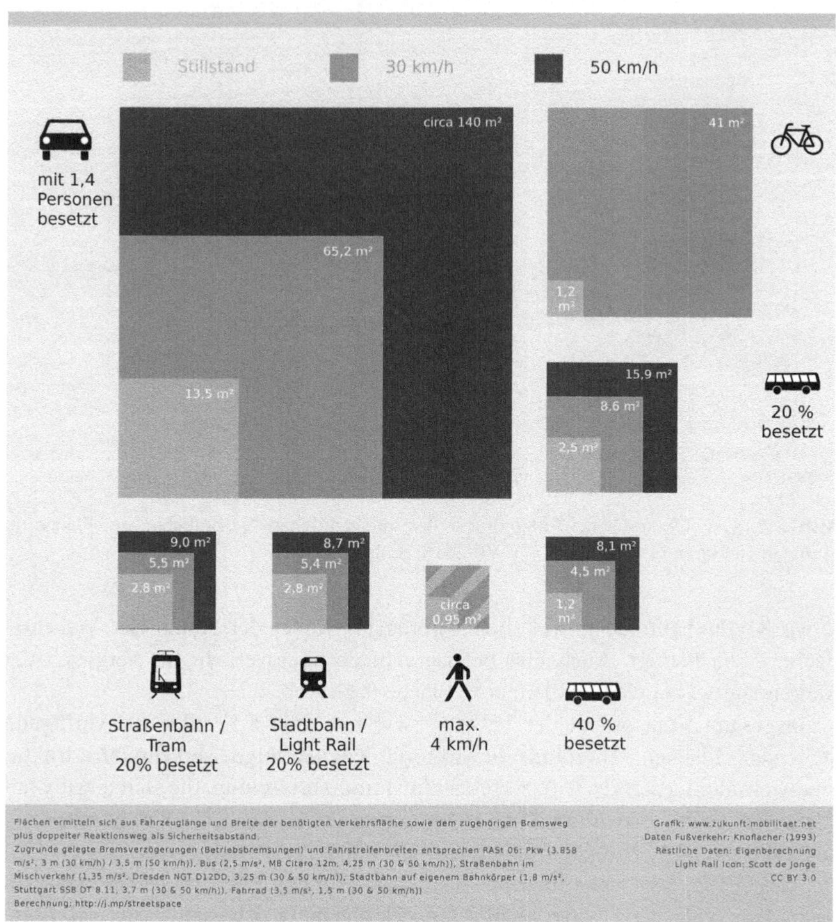

Abb. 2.3 Vergleich unterschiedlicher Flächeninanspruchnahmen nach Verkehrsarten (pro Person). (Randelhoff 2014)

2.3   Die soziale Herausforderung: gesellschaftliche Teilhabe

Der Naturschutz wird in jüngster Zeit zunehmend als eine gesellschaftliche Vereinbarung begriffen und als „Soziale Frage des Naturschutzes" diskutiert (vgl. Brodcchi 2019). Demnach wird davon ausgegangen, dass es Natur im ursprünglichen Sinne, als klar von der menschlichen Kultur zu unterscheidende Einheit, heute nicht mehr gibt (vgl. Morton 2016). Vielmehr ist der Mensch mittlerweile weltweit präsent und hat überall mehr oder weniger starken Einfluss auf die natürliche Umwelt genommen, sodass es kaum noch naturbelassene Räume gibt. Die Natur kann also nicht mehr als absoluter Orientierungspunkt gelten, an dem sich ein nachhaltiges Handeln ausrichten lässt. Stattdessen muss die Gesellschaft politisch aushandeln, was sie als (schützenswerte) Natur begreift und was sie unter einer nachhaltigen Entwicklung versteht.

Im Spannungsfeld von sozialen Anforderungen und Naturschutz stellt sich insbesondere die Frage der Gerechtigkeit. Vor dem Hintergrund weltweiter Politikverdrossenheit und damit einhergehender gesellschaftlicher Verwerfungen, wird die Bedeutung sozialer Gerechtigkeit für den gesellschaftlichen Zusammenhalt zunehmend wiederentdeckt (vgl. Alvaredo et al. 2018). Der weltweite Ressourcenverbrauch ist hochgradig ungleich verteilt (vgl. Abb. 2.4). Die Bevölkerung weniger Länder konsumiert den Großteil natürlicher Ressourcen und produziert damit im gleichen Umfang negative Effekte, von denen wiederum vor allem der große Teil der armen Weltbevölkerung betroffen ist. Während beispielsweise die zehn reichsten Länder der Erde 45 % der CO_2-Emissionen produzieren, sind die 50 ärmsten Länder nur für 13 % der CO_2-Emissionen verantwortlich.

Auch auf nationaler Ebene haben sich die sozialen Spaltungslinien in den letzten Jahrzehnten vertieft (vgl. Nachtwey 2016; Reckwitz 2019). Diese Entwicklung ist selbst nicht nachhaltig und erschwert zudem eine effektive Natur- und Umweltschutzpolitik. Denn in einer von wachsenden Teilen der Bevölkerung als ungerecht wahrgenommenen Gesellschaft, die zunehmend durch soziale Konflikte geprägt ist, gestaltet sich der politische Aushandlungsprozess für Natur- und Umweltschutz erfahrungsgemäß schwierig. Vor diesem Hintergrund haben sich Deutschland, Österreich und die Schweiz in der DACH-Organisation zusammengeschlossen, um die sozialen Aspekte des Natur- und Umweltschutzes zukünftig in einem integrierten Ansatz zu verfolgen (vgl. Berger und Mues 2019).

Die traditionelle Verkehrsplanung ist aufgrund ihrer einseitigen Fokussierung auf technische Lösung nicht darauf vorbereitet, die genannten sozialen

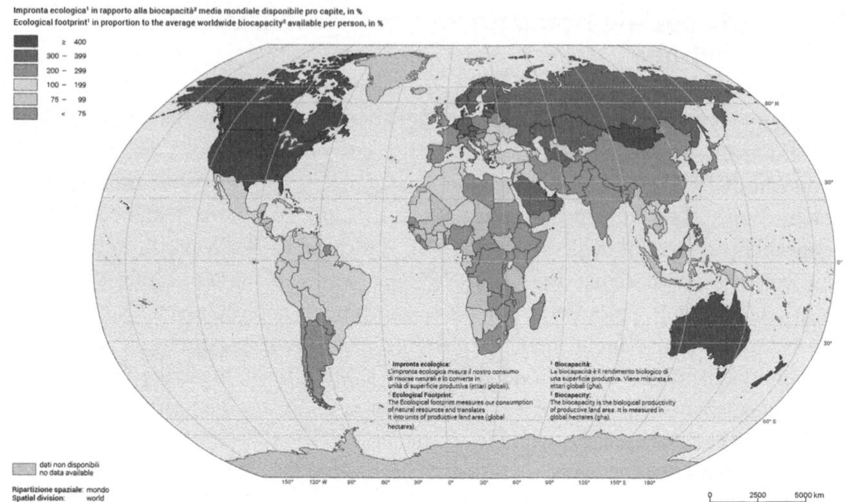

Abb. 2.4 Globaler Ressourcenverbrauch. (Nach Ländern WWF 2018, S. 32 f.)

Herausforderungen zu bearbeiten. Ihr fehlen bisher die Instrumente, um den Menschen mit seinen spezifischen Anforderungen und Bedarfen angemessen zu berücksichtigen. Dem Mobilitätsmanagement kommt die Aufgabe zu, die soziale Frage in die Verkehrsplanung einzuführen und mit dem übergeordneten Ziel einer integrierten ökologisch nachhaltigen Verkehrsentwicklungsstrategie zu verbinden. Für eine gezielte Ansprache müssen die unterschiedlichen sozialstrukturellen Bedingungen verschiedener Bevölkerungsgruppen sowie ihre jeweilige Betroffenheit berücksichtigt werden. In diesem Sinne hat das Land Berlin einen Umweltgerechtigkeitsbericht erstellt, in dem die Betroffenheit der Bevölkerung von Umweltbelastungen wie Lärm, Luftemissionen, Bioklima sowie Grün- und Freiflächen kleinräumig entlang der sozialökonomischen Bevölkerungsstruktur dokumentiert ist (SenUVK 2019). Hier lässt sich ablesen, welche Bevölkerungsgruppen durch Mehrfachbelastungen betroffen sind und dadurch besonderen gesundheitlichen Gefahren ausgesetzt sind. Beispielsweise sind untere Einkommensgruppen überproportional häufig Lärm und Luftbelastungen ausgesetzt und wohnen zudem häufig in Quartieren, die sich durch wenig Grünflächen auszeichnen, was sich wiederum negativ auf das Bioklima auswirkt.

Auf dieser Informationsgrundlage kann das Mobilitätsmanagement eine gezielte Ansprache der betroffenen Bevölkerungsgruppen durchführen, wobei die soziale Lage und die spezifischen Bedarfe der Menschen vor Ort bei der konzeptionellen Maßnahmenentwicklung berücksichtigt werden. Auf diese Weise kann den sozial benachteiligten und durch das Verkehrsaufkommen gesundheitlich besonders belasteten Menschen gezeigt werden, dass Natur- und Umweltschutz auch einen Beitrag zur Verbesserung ihrer persönlichen Lebenssituation leisten.

2.4 Die drei Nachhaltigkeitsstrategien

Nachdem wir begründet haben, warum eine moderne Verkehrspolitik und -planung auf das neue Handlungsfeld Mobilitätsmanagement angewiesen ist, möchten wir abschließend auf die strategische Bedeutung des Mobilitätsmanagements für eine nachhaltige Verkehrsentwicklungsstrategie eingehen. Dabei werden drei Nachhaltigkeitsstrategien unterschieden, die gleichermaßen verfolgt werden sollten, um das Ziel einer nachhaltigen Verkehrsentwicklung zu erreichen.

Die bekannteste der drei Nachhaltigkeitsstrategien ist die *Effizienzstrategie*. Sie verfolgt das Ziel durch technische Innovationen dazu beizutragen, möglichst wenig Ressourcen zu verbrauchen. Beispielsweise hat die Entwicklung sparsamer Motoren dazu geführt, dass der Benzinverbrauch reduziert werden konnte. Im Ergebnis ist seit Mitte der 1990er Jahre der durchschnittliche Energieverbrauch im Straßengüter- wie im Personenverkehr um 24 bzw. 14 % gesunken (vgl. UBA 2020). Das heißt, in den letzten Jahrzehnten wurden im Verkehrssektor Effizienzgewinne erzielt, die jedoch durch das absolute Verkehrswachstum wieder aufgezehrt wurden. Dabei wirken sich sogenannte ‚Rebound Effekte' aus, womit Effekte bezeichnet werden, die dazu führen, dass die Einsparpotenziale durch Effizienzgewinne nicht oder nur teilweise realisiert werden. Beispielsweise werden die Einsparungen durch effizientere Motoren konterkariert durch den anhaltenden Trend zu immer größeren und schwereren Autos (SUV – Sport Utility Vans). Wenn die Reaktion auf Effizienzgewinne im Ergebnis größer ist als die ursprüngliche Einsparung, wie das im Verkehrssektor immer wieder der Fall ist, spricht man auch von ‚Backfire'.

Aus dieser Erfahrung resultiert die basale verkehrswissenschaftliche Einsicht, dass durch technologische Innovationen gewonnene Effizienzsteigerungen nicht ausreichen, um im Verkehrssektor zu einer nachhaltigen Verkehrsentwicklung zu gelangen. Während die Effizienzstrategie darauf zielt, die Kosten zur Erreichung eines Ziels möglichst gering zu halten, also ein ökonomisches Maß darstellt, ist die *Effektivitäts-* bzw. *Konsistenzstrategie* darauf gerichtet, ein Ziel möglichst wirksam zu verfolgen. Mit Blick auf die Nutzung natürlicher Ressourcen ist damit gemeint, dass diese nicht nur effizient verbraucht, sondern auf eine vernünftige Art verwendet werden. Beispielsweise werden die Ressourcen im Fahrzeugpark des öffentlichen Kollektivverkehrs gemessen am pro Kopf Verbrauch wesentlich effektiver genutzt als im privaten Individualverkehr. Auch die Wiederverwendung von Materialien bzw. Recycling ist Teil der Effektivitätsstrategie. Im Idealfall können zukünftig künstliche Stoffkreisläufe entwickelt werden, in denen künstlich erzeugte Materialien nach der Nutzung immer wieder eingespeist werden, ohne dass sie verbraucht werden und dadurch Abfälle entstehen.

Anders als im Verkehrssektor wurden im Energiesektor signifikante Einsparungen erreicht. Das war insbesondere deshalb möglich, weil die privaten und gewerblichen Nutzerinnen und Nutzer von einem energiesparenden Verhalten überzeugt wurden. Damit ist die dritte Nachhaltigkeitsstrategie angesprochen, die neben der Effizienz- und der Effektivitätsstrategie das Nachhaltigkeitskonzept umfasst – die *Suffizienzstrategie.* Der Begriff der Suffizienz leitet sich vom Lateinischen sufficere (ausreichen, genügen) ab und steht für „das richtige Maß". Die Suffizienzstrategie thematisiert gesellschaftliche Konsummuster und geht davon aus, dass der Lebensstil von Menschen in entwickelten Industrieländern, die rund zehn Prozent der Weltbevölkerung ausmachen, nicht auf die anderen 90 % der Weltbevölkerung übertragbar ist, weil der Ressourcenverbrauch und die damit verbundene Umweltbelastung zu groß wären. Daher zielt die Suffizienzstrategie darauf, dass Menschen ihren Konsum auf ein angemessenes Maß begrenzen. Die Erfolge im Energiesektor sind u. a. darauf zurückzuführen, dass die privaten Haushalte ihren in der Vergangenheit teilweise exzessiven Energieverbrauch entsprechend reduzierten. Die Möglichkeiten, in privaten Haushalten Energie zu sparen, sind vielfältig. Im Ergebnis konnte die Entwicklung des Energieverbrauchs teilweise von der Wirtschaftsentwicklung entkoppelt werden. Deshalb wurden die Effizienzgewinne im Energiesektor, anders als im Verkehrssektor, nicht aufgrund steigender Wachstumsraten bei der wirtschaftlichen Entwicklung überkompensiert.

Aus den Erfahrungen im Energiesektor lassen sich für den Verkehrssektor zwei zentrale Einsichten ableiten: *Erstens* müssen die anzustrebenden verkehrspolitischen Ziele neu überdacht werden. So wie sich im Energiesektor das politische Ziel durchgesetzt hat, dass Energie eingespart werden muss, ist auch im Verkehrssektor eine politische Neuorientierung notwendig, die weniger Verkehr zum Ziel erhebt.

Zweitens müssen Verkehrspolitik und -planung stärker als in der Vergangenheit im Sinne der Suffizienzstrategie eine Verhaltensänderung der Nutzerinnen und Nutzer unterstützen, um das Verkehrsaufkommen auf ein angemessenes Maß zu beschränken. Wichtig ist, dass die drei Nachhaltigkeitsstrategien nicht gegeneinander ausgespielt, sondern, wie im ursprünglichen Nachhaltigkeitskonzept vorgesehen, systematisch aufeinander bezogen werden. Das heißt, im Verkehrssektor sollten sowohl technologische Entwicklungen gefördert werden, die Effizienzgewinne ermöglichen, wie auch Anstrengungen unternommen werden, Materialien zu recyceln, um den Ressourcenverbrauch zu reduzieren. Schließlich sollten im Sinne des Mobilitätsmanagements neue Konzeptideen dazu beitragen, dass Menschen ihr Zusammenleben mit einem angemessenen Verkehrsaufwand organisieren können. Erst in der Summe der Maßnahmen aller drei Nachhaltigkeitsstrategien ist zu erwarten, dass sich eine nachhaltige Verkehrsentwicklung einstellen wird.

Mobilitätsmanagement als neues Handlungsfeld

3

In Hinblick auf die zuvor skizzierten Herausforderungen in den Bereichen Klima, Umwelt und Gesellschaft ist eine grundlegende Revision sowohl der Verkehrspolitik als auch der Verkehrsplanung unstrittig. Da weder Politik noch Planung im Verkehrsbereich mit ihren klassischen Handlungsfeldern die Ziele einer nachhaltigen Verkehrsentwicklung (vgl. SRU 2017) oder von belastungsfreien Städten (vgl. Deutscher Städtetag 2017, S. 12 ff.) erreichen konnte, braucht es einen neuen Ansatz. Hier kommt Mobilitätsmanagement ins Spiel, das im Gegensatz zu den Planungsfeldern der klassischen Verkehrsplanung, auch die Mobilität der Menschen in den Blick nimmt und damit unabhängig von Infrastruktur und Verkehrsfluss eine völlig neue Dimension der politischen und planerischen Gestaltbarkeit eröffnet.

Um Mobilitätsmanagement als Werkzeug für die Verkehrsplanung nutzen zu können, bedarf es neben einer begrifflich exakten Definition auch einer klaren Vorstellung davon, wo, wie und mit wem Mobilitätsmanagement die verkehrspolitischen Ziele operationalisieren kann. Dementsprechend muss zunächst der Unterschied zwischen den drei Dimensionen im Verkehrsbereich ‚Infrastruktur', ‚Verkehr' und ‚Mobilität' erläutert werden, bevor im Anschluss eine mögliche Integration des Mobilitätsmanagements in der Planung aufgezeigt werden kann. Erst danach ist es möglich, die relevanten Akteure und möglichen Maßnahmen des Mobilitätsmanagements näher zu betrachten. Insgesamt werden im Folgenden damit sowohl die theoretischen als auch die praktischen Rahmenbedingungen eines systematischen Mobilitätsmanagements für eine integrierte Verkehrsplanung skizziert.

© Der/die Herausgeber bzw. der/die Autor(en), exklusiv lizenziert durch Springer Fachmedien Wiesbaden GmbH, ein Teil von Springer Nature 2020
O. Schwedes und A. Rammert, *Mobilitätsmanagement*, essentials,
https://doi.org/10.1007/978-3-658-30390-7_3

3.1   Mobilität, Verkehr und Infrastruktur

Bestanden die Handlungsfelder der klassischen Verkehrsplanung im Großen und Ganzen lediglich darin, die Infrastruktur und den Verkehr zu planen, gilt neuerdings, dass nur unter Einbezug der Mobilität, also menschlicher Möglichkeitsräume, eine integrierte und effektive Verkehrsplanung möglich ist (vgl. Schwedes und Rammert 2020a). Im Gegensatz zu den klassischen Dimensionen ‚Infrastruktur' und ‚Verkehr' ist ‚Mobilität' als vollwertige Planungsdimension in der praktizierten Verkehrsplanung noch wenig etabliert – insbesondere in Deutschland. Neben einem fehlenden Verständnis über die Ursachen und Wirkungen von Mobilität ist auch eine semantische Unschärfe bezüglich der Begriffsdefinition zu erkennen. Anders als der physisch erfahr- und objektiv zählbare Verkehr, beschreibt die Mobilität subjektive Möglichkeitsräume für Ortsveränderungen (vgl. Schwedes et al. 2018). Die analytische Bedeutung der begrifflichen Unterscheidung von Verkehr und Mobilität kann an einem konkreten Beispiel veranschaulicht werden. Eine Person, die sich die hohen Mieten in der Stadt nicht mehr leisten kann und gezwungen ist, täglich 100 Km zu ihrem Arbeitsplatz zu pendeln, um dort einem Niedriglohnjob nachzugehen, ist verkehrlich viel unterwegs, ohne sich und ihrer Familie mit dem geringen Lohn eine angemessene gesellschaftliche Teilhabe gewährleisten zu können. Entgegen dem Alltagsverstand ist diese Person, die viel Verkehr erzeugt, dennoch nicht besonders mobil. Demgegenüber ist ein gut ausgebildeter Stadtbürger, der seinen Arbeitsplatz fußläufig erreicht und über ein hohes Einkommen verfügt, hochgradig mobil. Denn er ist in der Lage, das vielfältige Angebot der Stadtgesellschaft in vollen Zügen zu genießen, indem er sich nicht zuletzt die hohen Mieten leisten kann, allerdings ohne viel Verkehr zu erzeugen. Zwischen den unterschiedlichen Bedeutungen der Begriffe Mobilität und Verkehr wird in der Praxis der Verkehrsforschung bis heute noch unzureichend differenziert. Die begrifflich exakte Unterscheidung von Mobilität und Verkehr ist jedoch notwendig, damit bei allen Beteiligten ein vergleichbares Wissen und Verständnis in Bezug auf den Status quo und die Ziele herrscht. Dementsprechend bedarf es einer wissenschaftlich validen Abgrenzung der Begriffe, um im Anschluss Mobilitätsmanagement klar von den Planungsdimensionen ‚Infrastruktur' und ‚Verkehr' abgrenzen zu können.

Eine analytische Betrachtung des gesamten Verkehrssystems offenbart, dass drei funktionale Elemente sämtliche Phänomene und Ausgestaltungen des Personenverkehrs konstituieren: die *Struktur,* der *Prozess* und der *Mensch* selbst. Die Struktur stellt dabei das räumliche Element des Verkehrssystems dar und ermöglicht über seine Verbindungsfunktion überhaupt erst die Verkehrsbewegungen. Beispiele für die strukturellen Elemente des Verkehrssystems sind

Hochgeschwindigkeitstrassen und Flughäfen ebenso wie Trampelpfade und Wasserläufe. Alle strukturellen Elemente eint die Grundfunktion der Verkehrsverbindung, also die räumliche Ausprägung des Verkehrssystems. Das zweite funktionale Element des Verkehrssystems ist der Verkehrsprozess selbst. Dieser beschreibt die tatsächlich durchgeführte Ortsveränderung von Personen oder Gütern. Sichtbares Phänomen dieses Prozesses ist die Bewegung, welche die zeitliche Ausprägung des Verkehrssystems darstellt. Diese Verkehrsbewegung findet einerseits immer innerhalb einer räumlichen Struktur statt und wird andererseits immer durch den Menschen als kausales Grundelement initiiert. Der Mensch stellt damit das dritte und letzte funktionale Element des Verkehrssystems dar. Er bedingt durch sein Handeln, wann, wo und wie Verkehrsbewegungen stattfinden. So bildet letztendlich auch der Mensch den Ursprung dafür, weshalb es überhaupt räumlicher Strukturen bedarf und in Folge zeitliche Bewegungsprozesse entstehen. Sichtbar wird der Mensch innerhalb des Verkehrssystems über sein Verhalten, das über die konkrete Ausgestaltung der tatsächlichen Ortsveränderungen bestimmt. Beispiele für das Mobilitätsverhalten sind die Verkehrsmittelwahl, die Routenwahl oder auch Entscheidungen darüber, ob überhaupt eine Ortsveränderung vorgenommen wird.

Diese drei funktionalen Elemente des Verkehrssystems machen deutlich, welche Dimensionen durch Politik und Planung gestaltbar sind (vgl. Abb. 3.1). Die strukturellen Funktionen lassen sich über die Infrastrukturen, die prozessualen Funktionen über den Verkehrsprozess und die handlungsbezogenen Funktionen über das Mobilitätsverhalten gestalten und managen. Für eine integrierte Planung des Verkehrssystems ist es deshalb notwendig, alle drei

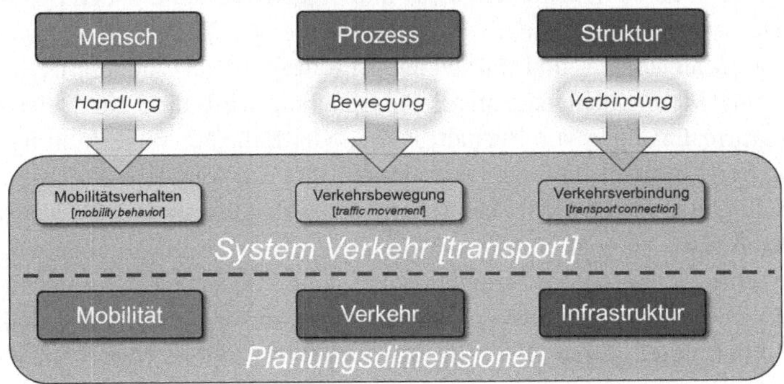

Abb. 3.1 Die drei Planungsdimensionen im System Personenverkehr mit ihren spezifischen Funktionen. (Schwedes et al. 2018, S. 9)

Dimensionen mit ihren spezifischen Ursachen, Wirkungen und Interdependenzen zu berücksichtigen. Ist diese planerische Integration in den Bereichen Infrastruktur und Verkehr in Form baulicher und organisationaler Maßnahmen bereits etabliert, zeigt sich für die Mobilität ein gegenteiliges Bild. Ursachen hierfür liegen insbesondere in der komplexen und individuellen Ausgestaltung von Mobilität, was eine quantitative und systematische Integration in klassischen Planungsstrukturen erschwert.

Im Gegensatz zum Verkehr als tatsächlicher Ortsveränderung beschreibt die Mobilität den individuellen Möglichkeitsraum für Ortsveränderungen. Dieser Möglichkeitsraum beschreibt die vielfältigen Chancen, die einem Individuum oder einem Kollektiv zur Verfügung stehen, um zwischen Orten zu wechseln oder an der Gesellschaft teilzuhaben. Der Möglichkeitsraum wird mitunter von räumlichen und demografischen, aber auch von sozialen und kulturellen Rahmenbedingungen konstituiert. Beispiele hierfür sind das Wohnumfeld und der Arbeitsweg als räumliche Bedingungen, die eigene Gesundheit und körperlichen Fähigkeiten als demografische Bedingungen, das verfügbare Kapital oder die familiäre Situation als soziale Bedingungen sowie kulturelle Normen und milieuspezifische Praktiken als kulturelle Komponente der Mobilität. Alle diese Facetten nehmen Einfluss auf die individuelle Ausgestaltung des Möglichkeitsraums und sind damit konstituierend für die Mobilität. Jedoch existieren neben den objektiven Rahmenbedingungen auch subjektive Kriterien, welche die strukturellen und individuellen Möglichkeiten subjektiv bewerten. So kann beispielsweise die räumliche Struktur eines Radfahrstreifens auf der Fahrbahn oder die gesellschaftliche Norm des „flyshamings"(Flugscham) individuell ganz unterschiedlich wahrgenommen werden. Um die Mobilität zielorientiert managen zu können, reicht es demnach nicht aus, die objektiven Rahmenbedingungen zu verändern, sondern die subjektive Wahrnehmung der Menschen muss Ansatzpunkt von Maßnahmen und Strategien sein. Erst dann handelt es sich tatsächlich um Mobilitätsmanagement! Anschaulich wird dies am Beispiel von Infrastrukturmaßnahmen wie Bushaltestellen oder Fußgängerunterführungen. Die objektive Verfügbarkeit dieser Infrastrukturen gibt nur teilweise Aufschluss über die tatsächliche Erreichbarkeit. Menschen, denen das Wissen um die Haltestellen fehlt oder Ängste sie vom Nutzen der Fußgängerunterführungen abhalten, haben subjektiv eine viel geringere Erreichbarkeit, als bei einer objektiven Betrachtung suggeriert wird. Ihre Mobilität ist eingeschränkt und kann in diesem Fall nicht ausschließlich durch infrastrukturelle und verkehrsbezogene Maßnahmen erhöht werden.

Das Verständnis von Mobilität als individueller Möglichkeitsraum ist die Grundlage, um in der Praxis mobilitätsbezogene Informationen über Individuen oder Kollektive erfassen zu können. Diese Informationen sind wiederum für die Formulierung verkehrspolitischer Zielansprüche elementar. Was bedeutet konkret eine hohe Mobilität? Wie definieren wir ein Mindestmaß für Mobilität von Menschen? Diese und weitere Fragen gilt es aus verkehrspolitischer Sicht zu beantworten, wenn die Mobilität als vollwertiger Bestandteil einer modernen Verkehrsplanung integriert werden soll.

3.2 Integrierte Planung

Wenn wir über Integrierte Politik oder Integrierte Planung sprechen, stehen dahinter in der Regel immer vier zentrale Integrationsebenen (vgl. Schwedes und Rammert 2020b). Die erste Integrationsebene ist die *normative Integration*. Die Verkehrspolitik im Allgemeinen hat zunächst die Aufgabe der Verkehrsplanung einen normativen Rahmen zu geben (Zielorientierung) und die gesellschaftlichen und umweltbezogenen Ansprüche mit den räumlichen, technologischen und wirtschaftlichen Entwicklungen abzugleichen. Hierbei dominierte lange Zeit das Leitbild einer wirtschaftsfördernden Verkehrs- und Infrastrukturpolitik (vgl. Abschn. 2.1). Mittlerweile rückt jedoch immer mehr die soziale und ökologische Nachhaltigkeit in das Zentrum der programmatischen Verkehrspolitik (vgl. Schwedes 2018, S. 7 f.). Aus verkehrspolitischer Perspektive geht es hierbei prinzipiell um die Herausforderung, einen sozialökologischen Mehrwert zu sichern und dafür gestalterisch in individuelle und öffentliche Belange einzugreifen und sie normativ zu integrieren. Dazu können verschiedene politische Instrumente zum Einsatz kommen, wie Steuern und Subventionen, Regeln und Gesetze oder Informationen und Aufklärung. In diesem Zuge kann auch ein staatlicher Eingriff in die individuellen Bedürfnisstrukturen sinnvoll sein, wenn gesamtgesellschaftlich ein besseres Allokationsergebnis erzielt wird. Individuelle Freiheitsgrade können und müssen im Kontext sozialökologischer Leitbilder – unter Berücksichtigung der Verhältnismäßigkeit – eingeschränkt werden, da nur so eine gerechte Ressourcenverteilung, ein funktionierender Rechtsstaat und ein nachhaltiges Wirtschaftssystem garantiert werden können (vgl. Czada 1991, S. 161 f.). Eine erfolgreiche normative Integration besteht also erst dann, wenn vom Leitbild über Zielkriterien bis hin zu Strategien und Maßnahmen ein nachvollziehbarer und transparenter Bezug hergestellt ist. Eine normative Integration der Planung ist Grundlage für ein zielorientiertes Mobilitätsmanagement.

Die zweite dieser Ebenen ist die *politische Integration*. Diese Ebene einer integrierten Planung und Politik umfasst die Zusammenarbeit verschiedener Hierarchieebenen und Akteursgruppen. Dazu gehören beispielsweise in einem föderalen Staatssystem wie Deutschland die Bundesebene, die Landesebene sowie die kommunale Ebene. Innerhalb dieser Ebenen finden wir unterschiedliche Akteure aus Politik, Verwaltung und Gesellschaft, die über Abgeordnete, Fachreferate oder Verbände miteinander interagieren. Eine integrierte Zusammenarbeit dieser Ebenen bedeutet, dass sie gemeinsam innerhalb ihrer Entscheidungsbereiche kooperieren, beispielsweise bei der Umsetzung der EU-Luftreinhalterichtlinien. In der Theorie würden die Kommunen vor Ort mithilfe lokaler Vereine eine Maßnahme ergreifen, die Landesverwaltung finanzielle Mittel verteilen und die Bundesregierung entsprechende Gesetzesentwürfe hervorbringen. In der Praxis wurden solche von Kommunen und Ländern vorgebrachten kooperativen Problemlösungskonzepte wie die ‚Blaue Plakette' von der Bundesebene immer wieder abgeblockt (vgl. BMVI 2018). Die vertikale Integration geht jedoch auch über die föderalen Grenzen hinaus. Zum einen in Richtung supranationaler Akteure wie der EU und UN. Zum anderen in Richtung lokaler Akteure und Interessengemeinschaften. Insbesondere zivilgesellschaftliche Initiativen und Verbände sind zentrale Akteure für eine erfolgreiche Politik und Planung vor Ort (vgl. Krause 2017). Eine erfolgreiche politische Integration ist also erst gegeben, wenn von der UN-Grundsatzentscheidung bis zur Bürgerinitiative vor Ort ein nachvollziehbarer Zusammenhang bei der Findung und der Umsetzung von Entscheidungen besteht.

Die dritte Ebene integrierter Planung und Politik ist die *räumliche Integration*. Hier geht es maßgeblich um die Kooperation einzelner Planungs- und Politikbereiche mit räumlich benachbarten Regionen. Dies können auf Bundesebene andere Staaten sein, aber auch auf regionaler Ebene benachbarte Kommunen bis hin zu benachbarten Quartieren. Eine räumliche Integration ist erst dann gegeben, wenn die eigenen Entscheidungen und Strategien mit den benachbarten Akteuren abgestimmt sind. Bestes Beispiel hierfür sind Maßnahmen in der Klimapolitik, wie beispielsweise der Ausstieg aus fossilen Brennstoffen. Diese Strategie führt in der Regel nur zum Erfolg, wenn alle benachbarten Akteure, in diesem Fall die globale Staatengemeinschaft, ebenfalls entsprechende Maßnahmen beschließen. In der Verkehrspolitik wird der Bedarf nach räumlicher Integration offensichtlich, wenn beispielsweise eine Kommune verkehrsinduzierendes Gewerbe ansiedelt, der Verkehr selbst aber maßgeblich in den benachbarten Kommunen stattfindet. Ein Problem, von dem in Deutschland so ziemlich alle Metropolregionen betroffen sind. Eine erfolgreiche räumliche Integration besteht also erst, wenn benachbarte Akteure gemeinsam an einer übergeordneten Strategie arbeiten, sei es auf nationaler Ebene oder auf Stadtquartiersebene.

Die vierte und für den Verkehrsbereich zentralste Ebene ist die *fachliche Integration*. Bei einer erfolgreichen Integration arbeiten verschiedenen

Sektoren oder Politikfelder gemeinsam an einem übergeordneten Ziel, beispielsweise an der Reduktion von CO_2-Emissionen. Dabei arbeitet jeder Sektor im Rahmen seiner Möglichkeiten an der Erreichung der politisch gesetzten Ziele. Ein Anspruch, den insbesondere der Verkehrsbereich konsequent verfehlt (vgl. Abb. 3.1). Dies macht jedoch auch deutlich, wie stark der Verkehrssektor mit anderen Politik- und Planungsfeldern zusammenhängt. Entscheidungen aus der Sozialpolitik (z. B. die Entfernungspauschale), der Raumpolitik (z. B. das Baukindergeld), oder der Wirtschaftspolitik (z. B. die Abwrackprämie), haben massive Auswirkungen auf Verkehr und die Mobilität. Eine sektoral integrierte Politik hätte von Anbeginn die verschiedenen Interdependenzen der Bereiche berücksichtigt und geeignete Strategien und Maßnahmen beschlossen, welche nicht zulasten anderer Sektoren gehen. Eine Herausforderung, die jedoch insbesondere aufgrund der sektoralen Abgrenzung der Ministerialbürokratie in Deutschland nur sehr schwierig zu operationalisieren ist (vgl. Kutter 2016, S. 234). Eine erfolgreiche fachliche Integration bedeutet, dass die unterschiedlichen Planungsfelder gemeinsame Ziele und Strategien unter Berücksichtigung der gegenseitigen Wechselwirkungen verfolgen.

Eine integrierte Verkehrsplanung kennzeichnet also, dass Ziele und Strategien auf normativer, politischer, räumlicher und fachlicher Ebene kommuniziert und koordiniert (=integriert) werden. Der Vorteil solch einer Integration ergibt sich durch die sehr hohe Zielerreichungseffizienz, da gegensätzlich wirkende Maßnahmen oder fehlendes Verknüpfungswissen auf ein Minimum reduziert werden. So muss die Planung auf den verschiedenen föderalen und lokalen Ebenen kooperativ agieren, sich gemeinsam mit räumlich benachbarten Abteilungen abstimmen und andere Planungsabteilungen in den Umsetzungsprozess mit einbeziehen. Für die Verkehrsplanung gilt dies wieder in besonderem Maße, da die Effekte der Maßnahmen über hierarchische und räumliche Grenzen hinweg eine Vielzahl an unterschiedlichen Akteuren betreffen. Besonders im Hinblick auf das Mobilitätsmanagement ist diese gemeinsame Integration mit den Planungsfeldern Infrastruktur und Verkehr unumgänglich, wenn die verkehrspolitischen Ziele effektiv umgesetzt werden sollen. Eine erfolgreiche Integrierte Verkehrsplanung muss also bei der Konzeption von Strategien immer alle drei Planungsfelder betrachten, ebenso wie sie normative Zielkriterien, räumliche Wirkungsbezüge und Akteurskonstellationen mit einbezieht. So lassen sich die zuvor definierten und abgegrenzten Dimensionen Mobilität, Verkehr und Infrastruktur mit den Ansprüchen einer Integrierten Verkehrsplanung zusammenführen. Gleichzeitig eröffnen sich der Planung innerhalb der drei Dimensionen entsprechende Maßnahmenfelder, um die verkehrspolitischen Ziele zu erreichen (vgl. Abb. 3.2).

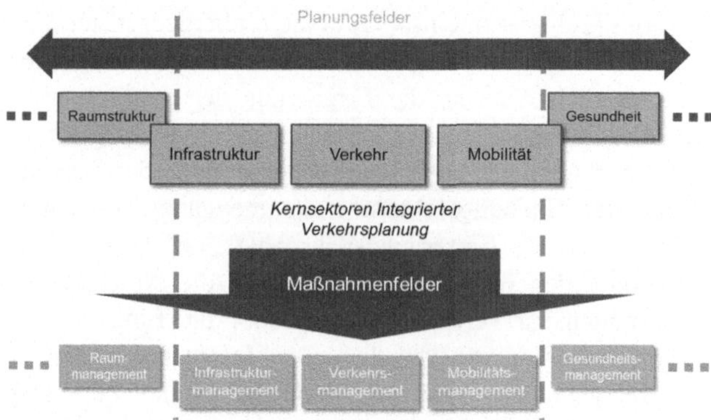

Abb. 3.2 Die fachliche Integration von Verkehr und die daraus resultierenden Maßnahmenfelder. (vgl. Schwedes und Rammert 2020b)

3.3   Akteure des Mobilitätsmanagements

Nachdem wir nun eindeutig zwischen Mobilität, Verkehr und Infrastruktur unterscheiden können und weiterhin um die übergeordneten Ansprüche einer Integrierten Verkehrsplanung wissen, wird nun ein elementarer Bestandteil für ein erfolgreiches Mobilitätsmanagement offensichtlich: die Akteure. So ist auf der einen Seite Mobilität immer etwas subjektiv Wahrgenommenes und damit intrinsisch Menschliches. Auf der anderen Seite muss sich integrierte Planung mit Gemeinschaften, Gruppen und Verbänden beschäftigen, um Lösungen nachhaltig vor Ort zu implementieren. Aus diesen Zusammenhängen ergibt sich, dass die verschiedenen Akteure für das Mobilitätsmanagement eine herausragende Rolle spielen. So entscheiden sie am Ende, wo Verkehr entsteht oder vermieden wird, wie und in welcher Art er stattfindet und welche Bedürfnisse und Ansprüche vor Ort existieren. Die Akteure sind ein zentraler Ansatzpunkt, um Mobilität integriert und zielorientiert zu managen.

Wir unterscheiden zwischen vier Akteursgruppen, welche auf das individuelle Mobilitätsverhalten in unterschiedlichen Formen einwirken (vgl. u. a. FGSV 2018, S. 28; Schwedes et al. 2017c, S. 69 f.):

1. Öffentliche Institutionen
2. Zivilgesellschaft
3. Privatwirtschaft
4. Verkehrserzeuger

Diese vier Akteursgruppen existieren in verschiedenen Formen auf lokaler, regionaler oder nationaler Ebene und müssen für ein erfolgreiches Mobilitätsmanagement immer mit betrachtet werden. Die Aufgabenfelder, Handlungskompetenzen und Interessen der einzelnen Akteursgruppen sind jedoch hochgradig ausdifferenziert und zum Teil stark abhängig von den politischen und regionalen Gegebenheiten. Die Herausforderung für öffentliche Entscheidungsträger besteht zunächst darin, die Interessen und Handlungskompetenzen der verschiedenen Akteure in Bezug auf die Mobilität zu identifizieren. Erst im Anschluss können die Akteure in einem gemeinsamen Planungsprozess auf Basis übergeordneter Zielansprüche für ein erfolgreiches Mobilitätsmanagement gewonnen werden. Doch auch innerhalb der Akteursgruppen können einzelne Akteure unterschiedliche Interessen vertreten. Deshalb werden im Folgenden die vier Akteursgruppen im Detail betrachtet, um das Akteursfeld im Mobilitätsmanagement in seiner Vollständigkeit erfassen zu können.

Öffentliche Institutionen

Die öffentlichen Institutionen tragen innerhalb des Staates die Verantwortung dafür, dass gesamtgesellschaftliche Interessen gewahrt werden und alle Menschen aber auch zukünftige Generationen ausreichend Möglichkeiten haben, ihre Bedürfnisse zu befriedigen und an der Gesellschaft teilzunehmen. Insbesondere bei der Mobilität spielen öffentliche Institutionen im Sinne der Daseinsvorsorge eine zentrale Rolle. Die öffentliche Hand muss den einzelnen Menschen einen Möglichkeitsraum für Ortsveränderungen bereitstellen, um Grundversorgungseinrichtung zu erreichen und gesellschaftliche Teilhabe zu ermöglichen. Parallel müssen öffentliche Institutionen auch Umweltschutz, Gesundheitsschutz und Generationengerechtigkeit im Auge behalten, wobei die individuellen Bedürfnisstrukturen systematisch berücksichtigt werden sollten. Jedoch ist die Akteursgruppe der öffentlichen Institutionen keinesfalls homogen und besonders das Verständnis von Gerechtigkeit und Daseinsvorsorge ist stark abhängig von den jeweiligen demokratisch legitimierten Entscheidungsträgern. Zunächst unterscheiden wir zwischen den verschiedenen Exekutivebenen in einem föderalen Staatssystem: Die Bundesebene, die Landesebene sowie Kommunen und Städte. Entsprechend dem Grundgesetz fallen den einzelnen Föderationsebenen unterschiedliche Legislativkompetenzen und Aufgabenfelder zu (§28 GG; §30 GG). Ganzheitliche Strategien in Bezug auf die Mobilitätsgestaltung sind in solch einem System also nur erfolgreich, wenn alle drei Föderationsebenen effektiv miteinander kooperieren.

Innerhalb der Exekutive unterscheiden wir weiterhin zwischen dem gubernativen Teil (Politik) und dem administrativen Teil (Verwaltung). Die *Gubernative* umfasst neben der Regierung auch die oberste Ebene der Ministerialbürokratie und befasst sich mit allen politischen Handlungen und Entscheidungen. Die *Administrative* beschreibt die nachgeordnete öffentliche Verwaltung, die mit administrativen Befugnissen die gubernativen Entscheidungen operationalisieren. Die Unterscheidung zwischen Gubernative und Administrative entsprechen im Verkehrssektor die Verkehrs*politik* und die Verkehrs*planung*.

Ein weiterer Akteur innerhalb öffentlicher Institutionen sind die *öffentlichen Unternehmen*. Im Bereich Mobilität zählen hierzu vor allem die kommunalen Nahverkehrsunternehmen, regionale Verkehrsverbünde und öffentliche Wohnungsbauunternehmen. Die öffentlichen Unternehmen sind maßgeblich daran beteiligt, die Konzepte und Maßnahmen zum Mobilitätsmanagement umzusetzen. Dabei sind die öffentlichen Unternehmen ebenso wie die Verwaltungen mit der Herausforderung konfrontiert, sich zunächst ein grundlegendes Verständnis von Mobilität zu erarbeiten und wirksame Maßnahmen zu identifizieren. Mit den Nahverkehrsplänen oder regionalen Entwicklungskonzepten existieren jedoch bereits strategische Instrumente, um eine mögliche Operationalisierung von Mobilitätsmanagement zu institutionalisieren. Hierbei besteht die Möglichkeit für die öffentlichen Unternehmen als Vermittler zwischen Gesellschaft und Politik aufzutreten und somit wichtige Transferleistung für eine erfolgreiche Umsetzung zu erbringen.

Zivilgesellschaft

Die Zivilgesellschaft beschreibt eine weitere zentrale Akteursgruppe, die in Form von Verbänden und Interessenvertretungen Einfluss auf die Gestaltung von Mobilität hat. Wir unterscheiden im Zusammenhang mit Mobilitätsmanagement zwischen den verkehrsbezogenen, sozialökologischen und sozialökonomischen Interessen. Die *verkehrsbezogenen Interessenvertretungen* der Zivilgesellschaft stehen dabei in der Regel auf Seite der Verkehrsnutzer und stellen sowohl Verkehrsmittelerfahrungen als auch verkehrsmittelbezogene Forderungen in den Vordergrund. Entsprechend der unterschiedlichen Verkehrsmittel unterscheiden sich auch die Interessen der jeweiligen Verbände, je nachdem ob es sich um Kraftfahrzeugnutzer, Nahverkehrsnutzer, Fahrradnutzer oder Fußgänger handelt. Beispiele hierfür sind Vereine wie der ADAC, der deutsche Fahrgastverband oder diverse Fahrradinitiativen. Die *sozialökologischen Interessenvertretungen* verbindet der Fokus auf die Verkehrsumwelt, also Bereiche die von den Folgen des Verkehrs unmittelbar betroffen sind. Dazu zählen Verbände im Bereich des Naturschutzes aber auch Verbände die sich für von Lärm- oder Schadstoffemissionen belastete Menschen einsetzen. Ihre Interessen liegen vor allem darin, den Verkehr und das Mobilitätsverhalten hin zu einem umweltverträglichen Maß zu beeinflussen. Beispiele für sozialökologische Interessenvereinigungen sind der BUND, der NABU oder die „FridaysForFuture" Bewegung. Der Schwerpunkt der *sozialökonomischen Interessenvertretungen* liegt vornehmlich auf den ökonomischen Rahmenbedingungen von Mobilität. Dazu gehört die Wirtschaftlichkeitssicherung des Einzelhandels durch Verkehrserreichbarkeit oder die Finanzierbarkeit von Mobilitätsformen. Je nach regionalen Gegebenheiten stehen dabei bestimmte Verkehrsmittel, die als wirtschaftsfördernd angesehen werden, oder bestimmte Preisstrukturen, die als mobilitätseinschränkend angesehen werden, im Vordergrund. Beispiele für sozialökonomische Interessenverbände sind die IHKs, der paritätische Wohlfahrtsverband oder lokale Wirtschaftsverbünde.

Diese Inhomogenität der Zivilgesellschaft verdeutlicht, dass die Interessenslage bezüglich der Mobilität abhängig von regionalen Umfeldern, politischen Rahmenbedingungen und aktuellen Ereignissen differenziert ausfallen kann. Gleichzeitig müssen diese unterschiedlichen Interessen der verschiedenen zivilgesellschaftlichen Gruppen innerhalb eines partizipativen Abwägungsprozesses eingebunden werden, um wirklich nachhaltige Lösungen zu ermöglichen. Jedoch geht es gerade bei dem Management von Mobilität um das individuelle Verhalten sowie die subjektiven Wahrnehmungen (vgl. Abschn. 3.1). Dementsprechend ist ein gleichberechtigter Mitbestimmungsprozess der Gesellschaft grundlegende Voraussetzung, um Mobilität überhaupt integriert gestalten zu können. Dieser Umstand macht das Mobilitätsmanagement im Gegensatz zur klassischen Infrastruktur- und Verkehrsplanung anspruchsvoller, da hierbei nicht auf etablierte quantitative Verkehrssimulationen und Berechnungsmodelle zurückgegriffen werden kann. Diese Verkehrsmodelle suggerieren eine objektive Wirklichkeit, die nicht der tatsächlichen Lebenswirklichkeit der Menschen vor Ort entspricht und somit häufig zu starken Konfrontationen und Auseinandersetzungen in der Praxis führt – besonders in Städten. Eine zentrale Herausforderung für ein erfolgreiches Mobilitätsmanagement in Deutschland besteht also darin, die zivilgesellschaftlichen Akteure an dem noch immer stark expertenorientierten Planungs- und Entscheidungsprozessen teilhaben zu lassen.

Privatwirtschaft
Die Privatwirtschaft stellt nicht nur für den Verkehr, sondern auch für die Mobilität eine wichtige Akteursgruppe dar, die maßgeblichen Einfluss auf das individuelle Verhalten der Menschen ausübt. Neben klassischen Akteuren, wie der Automobilindustrie, zählen hierzu auch neuartige Akteure aus dem Bereich der Mobilitätsdienstleistungen oder der Informationstechnologie. Diese Akteursgruppe eint zunächst das wirtschaftliche Gewinninteresse. Gleichzeitig

stehen die privatwirtschaftlichen Akteure auf dem freien Mobilitätsmarkt in einem Konkurrenzverhältnis zueinander, das Interesse dieser Akteure ist dadurch letztendlich immer das eigene wirtschaftliche Überleben. Zusätzlich findet im Bereich der Mobilität durch die Digitalisierung und Plattformökonomisierung eine Veränderung der klassischen Marktverhältnisse statt. War in der Vergangenheit der Nahverkehrsmarkt fast vollständig öffentlich kontrolliert und der Individualverkehrsmarkt fast vollständig privat organisiert, ist neuerdings eine Verwischung dieser Marktverteilungen zu beobachten (vgl. Aguilera und Boutueil 2018). Die Herausforderung für ein erfolgreiches Mobilitätsmanagement besteht also darin, die Innovations- und Effizienzpotenziale der Privatwirtschaft im Sinne der verkehrspolitischen Zielansprüche zu steuern. Die Integration der privatwirtschaftlichen Akteure im Mobilitätsmanagement muss zum Ziel haben, nicht allein die Gewinnmargen, sondern den individuellen Möglichkeitsraum aller Menschen zu gestalten, ohne einzelne Gruppen oder die Umwelt zu benachteiligen. Aufgrund der dargestellten Interessenlage der Privatwirtschaft ist dies nur möglich, wenn die Akteure im Rahmen staatlicher Regulierungen und Anreize entsprechend dem Leitbild eingebunden werden. Andernfalls wird immer das wirtschaftliche Eigeninteresse der Akteure im Vordergrund stehen und mobilitätsbezogene Mehrwerte entstehen allenfalls als Randprodukt. Gelingt eine erfolgreiche Integration der Verkehrsmittelhersteller, Mobilitätsdienstleister und Digitalkonzerne mit öffentlichen Unternehmen (sektorale Integration), ergeben sich gänzlich neue Potenziale für ein modernes Mobilitätsmanagement.

Inwieweit die Privatwirtschaft in die Gestaltung von Mobilität einbezogen wird, hängt in Deutschland maßgeblich davon ab, auf welcher föderalen Ebene wir uns befinden. So spielen auf Bundesebene eher die wirtschaftlichen Aspekte von Mobilität und Verkehr eine gewichtige Rolle, wohingegen auf kommunaler Ebene und in Städten soziale und ökologische Aspekte stärker hervorgehoben werden. Beispielsweise findet sich auf Bundesebene mit der neu gegründeten *Nationalen Plattform Zukunft der Mobilität* ein Gremium, dass fünf der sechs Schwerpunkte wirtschaftspolitisch besetzt (vgl. NPM 2018). Obwohl Mobilität ein hochgradig soziales Phänomen darstellt (vgl. Abschn. 3.1), werden auf Bundesebene die sozialpolitischen Aspekte weitgehend marginalisiert. Umgekehrt haben es auf kommunaler Ebene die neuen Mobilitätsdienstleister schwer, als vollwertige Akteure für die Gestaltung des Nahverkehrs ernst genommen zu werden. Es lassen sich jedoch erste Kooperationsversuche erkennen, die privatwirtschaftlichen Akteure in einem gesamtstädtischen Mobilitätskonzept zu integrieren. Beispiele hierfür sind der BerlKönig in Berlin, MOIA in Hamburg oder Bike Citizens in Bremen.

Verkehrserzeuger
Eine weniger sichtbare aber umso gewichtigere Akteursgruppe für das Mobilitätsmanagement sind die Verkehrserzeuger. Hierzu gehören all diejenigen Einrichtungen, welche aufgrund ihrer Funktion als Arbeitgeber, Bildungs- oder Kultureinrichtung einen großen Einfluss auf die Erzeugung von Verkehrsströmen ausüben. Ging es in der klassischen Verkehrsplanung maßgeblich darum, ausreichend große Parkplätze und Infrastrukturen den Verkehrserzeugern zur Verfügung zu stellen, bezieht das moderne Mobilitätsmanagement die Verkehrserzeuger als relevante Akteure in die Planung mit ein. Dadurch werden den Verkehrserzeugern einerseits Möglichkeiten zur Mitgestaltung des Verkehrssystems eröffnet, andererseits werden sie auch mit in die Verantwortung genommen, Mobilität und Verkehr entsprechend dem Leitbild aktiv mit zu gestalten. Dies kann sogar so weit gehen, dass die Verkehrserzeuger finanziell an den Infrastruktur- und Mobilitätsmaßnahmen beteiligt werden. Diese sogenannte Nutznießerfinanzierung steht im Bereich des öffentlichen Nahverkehrs für das Monetarisieren eines ökonomischen Nutzens, den Dritte, zum Beispiel der Gewerbetreiber, Arbeitgeber oder Immobilienbesitzer, aufgrund vorhandener Infrastrukturen und Verkehrsangebote erzielen (vgl. Boltze und Groer 2012). In Deutschland existiert dafür, im Gegensatz zu Frankreich oder den Niederlanden, keine rechtliche Grundlage und Nutznießerfinanzierungsmodelle sind immer auf die freiwillige Zustimmung der entsprechenden Verkehrserzeuger angewiesen.

Ein weiteres Konzept, das ebenfalls auf freiwilliger Basis die Verkehrserzeuger in das Mobilitätsmanagement mit einbindet, ist das betriebliche Mobilitätsmanagement. Ziel des betrieblichen Mobilitätsmanagements ist das Mobilitätsverhalten von Mitarbeiter*innen unter Mithilfe des Arbeitsgebers zu verändern. Leider zeigten Beispiele aus der Vergangenheit, dass betriebliches Mobilitätsmanagement vonseiten der Arbeitgeber*innen in der Regel immer unzureichend und nur kurzzeitig umgesetzt wurde (vgl. Schwedes et al. 2017c, S. 49 f.). Für eine erfolgreiche Integration der Verkehrserzeuger, insbesondere der Privatwirtschaftlichen, müssen also klare Anreize und Restriktionen gesetzt werden. Andernfalls gilt analog zu der Akteursgruppe der Privatwirtschaft, dass freiwillige Maßnahmen zum Mobilitätsmanagement nur dann zur Anwendung kommen, wenn ein wirtschaftlicher Mehrwert erkennbar ist. Dies betrifft natürlich nicht die weisungsgebundenen öffentlichen Einrichtungen, wie Schulen, Universitäten oder Verwaltungen. Hier finden sich auch die bis jetzt erfolgreichsten und umfassendsten betrieblichen Mobilitätsmanagementkonzepte.

Zusammenfassend gilt für das Mobilitätsmanagement, dass Akteure eine zentrale Rolle bei der Konzeption und Umsetzung von Strategien und

Abb. 3.3 Relevante Akteure für das Mobilitätsmanagement. (Eigene Darstellung)

Maßnahmen übernehmen. Insbesondere da Mobilität im Gegensatz zur Infrastruktur nicht maßgeblich von staatlicher Seite geplant und beeinflusst wird, muss ein Mobilitätsmanagement von Grund auf partizipativ angelegt sein. Hierfür stehen den Planenden eine Vielzahl an unterschiedlichen Methoden zur Verfügung, um die unterschiedlichen Akteursgruppen mit ihren divergierenden Interessen innerhalb des Planungsprozesses zu integrieren (vgl. Sommer 2017). Zu beachten ist hierbei, dass immer ein möglichst ausgeglichenes und breites Spektrum der vor Ort aktiven und inaktiven Akteursgruppen zu identifizieren ist (vgl. Abb. 3.3). Nur so kann ein angemessener Interessensausgleich zwischen den verschiedenen Akteuren erreicht werden. Dieser ist wiederum notwendig, um die anschließenden Konzepte und Maßnahmen gemeinsam und basierend auf einer hohen Akzeptanz durchzusetzen. Das Verständnis über die verschiedenen Akteursgruppen und ihre jeweiligen Interessen ist Grundvoraussetzung, damit adäquate Maßnahmen des Mobilitätsmanagements entwickelt werden können.

3.4 Maßnahmen des Mobilitätsmanagements

Erst an dieser Stelle, nachdem wir uns mit den Hintergründen, Begrifflichkeiten, Planungsprozessen und Akteuren auseinandergesetzt haben, macht eine ausführliche Darstellung der vielfältigen Maßnahmen des Mobilitätsmanagements Sinn. Eine Vorgehensweise, die dem praktizierten Modus Operandi in der deutschen Verkehrspolitik nur selten entspricht. So lässt sich beobachten, dass in der Regel die Maßnahmen als erstes deklariert werden, bevor im Anschluss über Hintergründe und Strategien diskutiert wird. So werden beispielsweise in Deutschland das autonome Fahren, die Digitalisierung oder die Einrichtung von E-Ladesäulen als Selbstzweck erachtet und Strategien umgekehrt an den festgesetzten Maßnahmen ausgerichtet. Eine integrierte Politik muss jedoch zu allererst die Ziele festlegen, bevor im Anschluss ergebnisoffen über Strategien und Maßnahmen diskutiert werden kann. Geht es beispielsweise um die Erreichung der bundesdeutschen Klimaziele, müssen Maßnahmen wie ein generelles Tempolimit oder die Abschaffung des Dienstwagenprivilegs ebenso diskutiert werden, wie Strategien der Elektrofahrzeugförderung oder des autonomen Fahrens. Bevor also verschiedene Maßnahmen des Mobilitätsmanagements gegeneinander abgewogen werden können, müssen die zu erreichende Ziele eindeutig definiert werden. Erst dann kann der Planende überhaupt über Effektivität und Effizienz der Maßnahmen urteilen.

Neben diesen prinzipiellen Anforderungen an die Maßnahmenentwicklung auf der einen Seite bietet Mobilitätsmanagement auf der anderen Seite eine Vielzahl an neuen Möglichkeiten und Optionen, um in das Verkehrssystem als Ganzes einzugreifen. So kommt mit der Mobilität eine gänzlich neue Dimension in den Gestaltungsbereich Integrierter Verkehrsplanung, welche nicht mit baulichen oder technischen Eingriffen einhergehen muss. Dies ist mittlerweile besonders attraktiv, da der Stadt- und Verkehrsraum zum größten Teil aufgeteilt ist. So bleibt wenig Platz für neue Infrastrukturen und Steuerungsanlagen, welche nicht auf Kosten bereits Bestehender gehen. Maßnahmen des Mobilitätsmanagements hingegen setzen beim Individuum an, können also den Verkehr beeinflussen, bevor er überhaupt entsteht. Dabei bedient sich Mobilitätsmanagement analog zum Verkehrs- und Infrastrukturbereich angebotsorientierter und restriktiver Maßnahmen.

Angebotsorientierte Maßnahmen des Mobilitätsmanagements
Angebotsorientierte Maßnahmen haben zunächst gemein, dass sie über neue Angebote die individuellen Möglichkeiten erweitern (Pull-Effekt). Es steht dem Individuum somit offen, ob er das neu hinzugekommene Angebot nutzen möchte oder nicht. Die Wirkung der angebotsorientierten Maßnahme basiert auf der Freiwilligkeit, ist also immer abhängig von der Akzeptanz der Nutzenden. Dies macht angebotsorientierte Maßnahmen auf der einen Seite für politische Entscheidungstragende und Planende besonders attraktiv, da individuelle Einschränkungen oder schwer zu vermittelnde Umverteilungen umgangen werden. Auf der anderen Seite ist die tatsächliche Wirkung der Maßnahme zunächst nicht vorhersehbar, da

die Wirkung auf die Mobilität der Menschen erst im Anschluss geprüft werden kann. Angebotsorientierte Maßnahmen des Mobilitätsmanagements lassen sich also dadurch charakterisieren, dass sie *erstens* direkt auf die individuelle Mobilität einwirken und *zweitens* ihre Wirkung von der Akzeptanz der Betroffenen abhängig ist.

Beispiele für angebotsorientierte Maßnahmen im Mobilitätsmanagement finden sich in den unterschiedlichsten Bereichen. Hierzu gehören klassische Kommunikations- und Marketingkampagnen, die sich direkt an die Bevölkerung richten und durch ihren appellativen Charakter versuchen, Einfluss auf ihr Mobilitätsverhalten zu nehmen (vgl. Abb. 3.4, 3.5, 3.6). Ziel dieser Kampagnen ist es, möglichst weiträumig viele Menschen anzusprechen und ein Reflektieren des eigenen Mobilitätsverhaltens anzuregen. Wirkmechanismen dieser Maßnahmen basieren in der Regel auf Normaktivierungsmodellen (vgl. Steg und Groot 2010) unterstützt durch provokante Aufmerksamkeitsmechanismen. Die Wirkung dieser Mobilitätsmanagementmaßnahmen ist bis heute umstritten, da sich ihre Evaluation als sehr schwierig erweist. Prinzipiell kann jedoch von einer eher schwachen Wirkung auf die Mobilität ausgegangen werden, wie beispielsweise die Evaluation der „Kopf an – Motor aus" Kampagne zeigt (vgl. Rammert 2017).

Abb. 3.4 Kampagne „Kopf an: Motor aus". (BMUB 2020)

Abb. 3.5 Kampagne „Runter vom Gas". (BMVI 2019a)

Eine individualisierte Variante der Kommunikationskampagnen ist die direkte Ansprache von Menschen im Rahmen eines zielgruppenorientierten Mobilitätsmanagements. Angefangen vom Neubürgermarketing, über Schüler- und Seniorenschulungen bis hin zu Mobilitätskursen für Migrantinnen, sind diese Maßnahmen zugeschnitten auf die entsprechende Zielgruppe (vgl. Reutter und Stiewe 2019). Prinzipiell versuchen die individuellen Kommunikationsangebote, die Zielgruppe an biografischen Umbrüchen im Leben (Einschulung, Umzug, Flucht etc.) zu erreichen und eine grundlegende Neuausrichtung der Mobilitätsroutinen zu forcieren. Auch hier sind die Wirkungen der Maßnahmen unterschiedlich und stark abhängig vom Institutionalisierungsgrad der Maßnahme. Denn mit unbeständiger Durchführung der Maßnahmen lässt die Wirkung in der Regel nach, wohingegen eine kontinuierliche zielgruppenspezifische Intervention, beispielsweise im Rahmen einer integrierten Mobilitätsbildung in der Schule (vgl. Daubitz et al. 2015), einen höheren Wirkungsgrad aufweist.

Einen weiteren Zweig der angebotsorientierten Maßnahmen des Mobilitätsmanagements stellen die informationellen Maßnahmen dar. Diese Maßnahmen wirken hauptsächlich über die Bereitstellung mobilitätsrelevanter Informationen, wie Erreichbarkeiten, Verkehrsoptionen, Verbindungsdetails aber auch externe Effekte oder versteckte Kosten von Verkehrsmitteln. Die informationellen Maßnahmen wirken in der Regel auf die individuellen Entscheidungsparameter des Individuums ein und beeinflussen die Verkehrswege- oder Verkehrsmittelwahl. Das einfachste Beispiel sind Stadtkarten oder Abfahrtzeittabellen von Bus und

Abb. 3.6 Kampagne „Looks like shit. But saves my life". (BMVI 2019b)

Bahnen. Modernere Varianten integrieren Isochrone für die Fußerreichbarkeit in
öffentlichen Stadtkarten zur Darstellung der durchschnittlichen Fußwegedauer (vgl.
Abb. 3.7). Ebenfalls neue Möglichkeiten eröffnet die individuelle Digitalisierung,
die mit Hilfe von Mobilitäts- und Karten-Apps die Mobilitätsoptionen für die

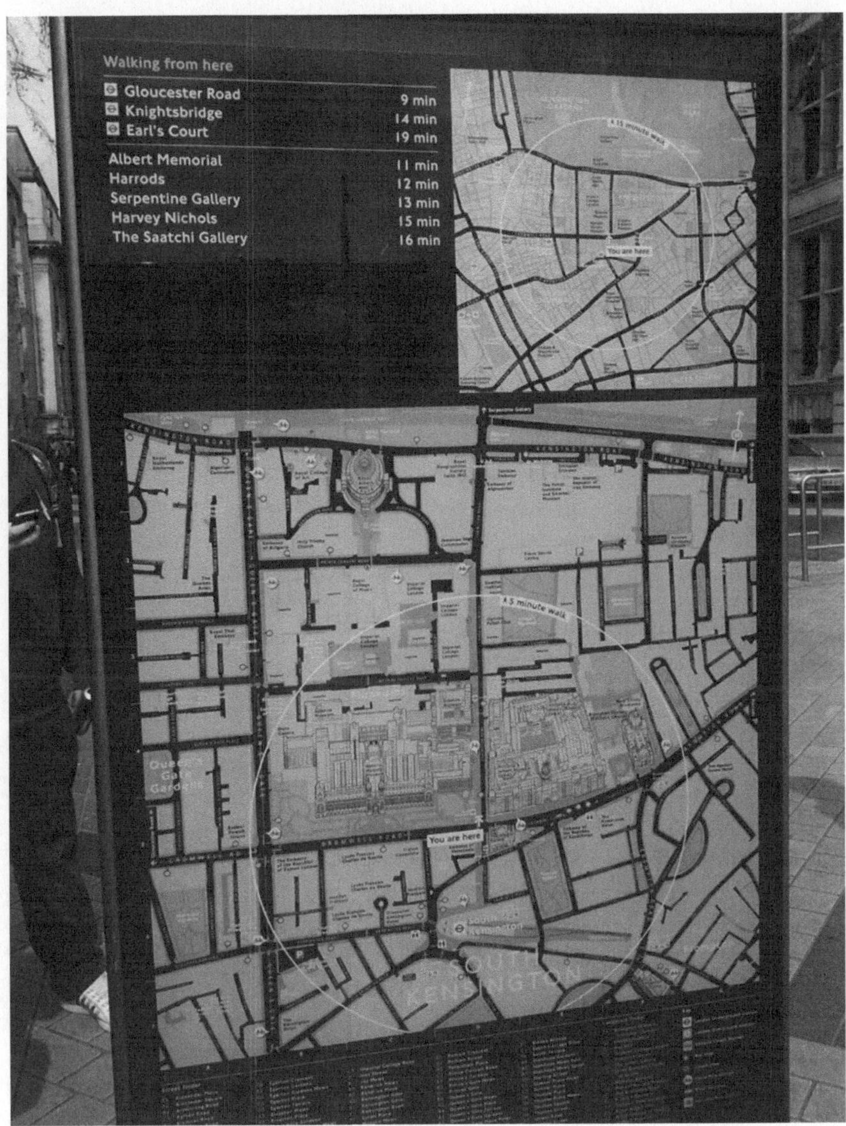

Abb. 3.7   Isochrone Fußerreichbarkeit auf Wegekarten in London. (vgl. TFL 2020)

Nutzenden individuell und aktuell berechnen. Insbesondere die Integration von aktuellen Verkehrsdaten bezüglich des MIV-Aufkommen oder der Verzögerung von Nahverkehrslinien hat mittlerweile bereits einen großen Einfluss auf die Mobilität und die daraus resultierenden Verkehrsentscheidungen.

Eine erweiterte Form der Informationsbereitstellung ist die interaktive Vermittlungsform an das Individuum. Insbesondere im Bildungskontext werden informationelle und kommunikative Maßnahmen vermischt, um so eine höhere Interaktionsebene mit der Zielperson oder -gruppe zu erreichen. Dementsprechend gilt es immer zu beachten, dass die Maßnahmenkategorien nicht abgegrenzt zu einander stehen, sondern beliebig miteinander kombiniert werden können, um so eine höhere Wirkung auf individueller Ebene zu erzielen.

Abschließend sind noch die angebotsorientierten Maßnahmen relevant, die über finanzielle Subventionen die Mobilität beeinflussen. Die Wirkung dieser Mobilitätsmanagementmaßnahmen operiert mit preispolitischen Instrumenten, um ebenfalls Einfluss auf die Verkehrsentscheidung der Menschen zu nehmen. Klassischerweise zählen hierzu die Vergünstigungen von Nahverkehrstickets für bestimmte Zielgruppen, wie Schüler, Senioren oder Arbeitnehmer. Aber auch verbrauchsabhängige Subvention von Treibstoff oder entfernungsbezogene Subvention von Wegen beeinflussen die individuellen Möglichkeiten der Ortsveränderung. Weiterhin können auch ganze Verkehrsmittel, wie Personenkraftwagen oder Lastenfahrräder subventioniert werden, was zu einer nachhaltigen Beeinflussung der individuellen Mobilität führen kann. Auch bei den subventionellen Maßnahmen ist die Wirkung abhängig von der individuellen Akzeptanz, in der Regel haben aber finanzpolitische Maßnahmen, insbesondere mit entlastender Wirkung, eine ungemein größere Wirkung auf das Verhalten als rein kommunikative oder informationelle Maßnahmen (vgl. Meyer 1999, S. 582 ff.).

Zusammenfassend können die angebotsorientierten Maßnahmen des Mobilitätsmanagements in den drei Kategorien Kommunikation, Information und Subvention zusammengefasst werden (vgl. Tab. 3.1). Wie bereits angesprochen können einzelne Maßnahmen zu Maßnahmenbündeln kombiniert werden, um eine multifaktorielle Wirkung zu erzielen. In der Praxis wird weiterhin zwischen der Wirkungsebene der Maßnahmen unterschieden. Hier lässt sich im Speziellen zwischen einer individuellen Wirkung, einer zielgruppenspezifischen Wirkung und einer kollektiven Wirkung unterscheiden. Auch hierfür gilt, dass die Wirkungsebenen innerhalb eines Maßnahmenkonzepts kombiniert werden können, beispielsweise wenn auf kommunikativer Ebene eine individuelle Neubürgerberatung mit einer Mobilitätsschulung für Schüler*innen und einer kollektiven Kampagne für umweltfreundliche Mobilität kombiniert wird. Jedoch gilt für alle angebotsorientierten Maßnahmen, dass ihre Primärwirkung immer

Tab. 3.1 Beispiele für angebotsorientierte Maßnahmen des Mobilitätsmanagements im In- und Ausland

	Kommunikation	Information	Subvention
Individuell	• Mobilitätsberatung	• Neubürgermarketing • Reflexionsbefragungen	• Jobtickets • Pendlerpauschale
Zielgruppen-spezifisch	• Mobilitätsbildung • Walking Bus	• Walkability-Karten • Mobilitätsratgeber	• Schülertickets • Sozialtickets • Seniorentickets
Kollektiv	• Mobilitäts-/ Bürgerwerkstätten • Diskussionsforen	• Öffentlichkeits-kampagnen • Aufklärungsbroschüren	• Kaufprämien für Lastenfahrräder

mit der individuellen Akzeptanz verknüpft ist. Somit bleibt die Wirkung von Mobilitätsberatungen, Öffentlichkeitskampagnen und Jobtickets immer abhängig von individuellen Wahrnehmungen und spezifischen Rahmenbedingungen.

Restriktive Maßnahmen des Mobilitätsmanagements

Die zweite Maßnahmenkategorie des Mobilitätsmanagements sind die restriktiven Maßnahmen. Die restriktiven Maßnahmen zeichnen sich dadurch aus, dass sie Angebote oder Optionen einschränken und damit den individuellen Möglichkeitsraum reduzieren (Push-Effekt). Im Gegensatz zu den angebotsorientierten Maßnahmen ist die Wirkung der restriktiven Maßnahmen, vorausgesetzt es existiert ein gesellschaftlicher Grundkonsens über die staatlichen Regularien, nicht abhängig von der Akzeptanz der Menschen. Ihre Wirkung ist für Planende damit vorab kalkulierbar. Betrachten wir beispielsweise eine restriktive Maßnahme aus dem Infrastrukturmanagement: So führt die Reduktion eines Straßenabschnitts von zwei Fahrbahnen pro Richtung auf eine dazu, dass nur noch die Durchflusskapazität dieser einen Fahrbahn maximal erreicht werden kann, unabhängig ob sich Autofahrende für andere Routen entscheiden oder nicht. Die Wirkung dieser Maßnahme auf daraus resultierende Phänomene wie Luftverschmutzung oder Lärmbelastung kann somit antizipiert werden, auch wenn erst einmal nur die Primärwirkung, nämlich die Reduktion der Durchflusskapazität, akzeptanzunabhängig erreicht wird. Hier gilt es nach Umsetzung der Maßnahme die Sekundäreffekte kontinuierlich zu beobachten, um gegebenenfalls die Maßnahme anzupassen. Restriktive Maßnahmen des Mobilitätsmanagements lassen sich also dadurch charakterisieren, dass sie *erstens* direkt auf die individuelle Mobilität einwirken und *zweitens* sich ihre Wirkung unabhängig von der Akzeptanz der Betroffenen einstellt.

Neben den Infrastrukturen sind auch die Verhaltensregeln und Nutzungs-modalitäten im Verkehrssektor restriktiv über staatliche Gesetze, Verordnungen und Regelwerke klar definiert. So waren verkehrspolitische Push-Interventionen, wie die Promillegrenze 1953, die Anschnallpflicht 1976, die Katalysatorpflicht 1986 oder die Einführung der Umweltzonen in Städten seit 2008 richtungs-weisend, um Mensch und Umwelt vor den verkehrsbedingten Effekten besser zu schützen (vgl. UBA 2015; Holz-Rau 2018, S. 136). Verkehrs- und mobilitäts-bezogene Maßnahmen, die aus heutiger Sicht unverzichtbar erscheinen, wurden jedoch aus damaliger Perspektive als Eingriff in die Persönlichkeitsrechte auf-gefasst (vgl. Linz 2017, S. 10). Damit offenbart sich ein wesentlicher Faktor, der über die Nutzung restriktiver Maßnahmen in der gesamten Verkehrsplanung ent-scheidet: die politische Akzeptanz. Durch die hohe Betroffenheit der Bevölkerung von verkehrsbezogenen restriktiven Maßnahmen werden individuelle oder kollektive Gewohnheiten als persönliche Freiheit interpretiert, beispielsweise der kostenlose Parkplatz vor der Haustür oder die fehlende Geschwindigkeits-begrenzung auf einigen Autobahnabschnitten. Änderungen dieses regulativen Rahmens werden deshalb, insbesondere von den Betroffenen, als Einschränkung der persönlichen Freiheitsrechte wahrgenommen und sind entsprechend unpopulär (vgl. Monheim 2008, S. 325 f.). Es ist jedoch unumstritten, dass ohne diese „unpopulären" Eingriffe in das Verkehrssystem, Umwelt und Gesell-schaft heute schlechter dastehen würden. Eine Integrierte Verkehrsplanung muss demnach auch unpopuläre Entscheidungen durchsetzen, um langfristig einen sozial-ökologischen Mehrwert zu sichern. Dieses steuerungspolitische Dilemma begleitet die Verkehrsplanung bis heute und bestimmt die öffentlichen Diskurse zu Tempolimits und Emissionsgrenzwerten, stellt jedoch gleichzeitig einen wichtigen, da effektiven, Baustein der Integrierten Verkehrsplanung dar (für eine weiterführende Diskussion vgl. FES 2019).

Für das Mobilitätsmanagement lassen sich zwei wesentliche Maßnahmenfelder identifizieren, mit denen in die individuellen Möglichkeitsräume der Verkehrs-nutzenden restriktiv eingegriffen werden kann. Das erste Maßnahmenfeld ist die Lenkungssteuer. Entgegengesetzt der Subvention auf angebotsorientierter Seite, erhöhen steuerliche Maßnahmen die finanziellen Aufwendungen für Mobilitätsoptionen. Die Wirkung auf die bereits bestehenden Mobilitätskosten der Menschen ist somit unabhängig von Freiwilligkeit und Akzeptanz. Die nachgelagerte Wirkung von steuerlichen Maßnahmen, wie beispielsweise die Deattraktivierung bestimmter Verkehrsmittel oder Routen, ist nicht ganz so deut-lich vorhersehbar wie im Infrastrukturbereich. So sind preispolitische Instrumente bis heute sehr wirkungsvoll, um Verhaltens- und Nutzungsstrukturen zu beein-flussen (vgl. Diao 2019), jedoch wird insbesondere die Mobilität besonders stark von kulturellen und sozialen Faktoren beeinflusst (vgl. Abschn. 3.1), was die Wirkung steuerlicher Maßnahmen reduzieren kann. Beispielsweise dann, wenn der PKW-Besitz als so eine starke kulturelle Norm wahrgenommen wird und soziale Interaktionsprozesse nur noch mithilfe eines PKWs durchgeführt werden können, bleibt die Wirkung einer steuerlichen Maßnahme fraglich. Die Wirkung ist also abhängig von der individuellen Preiselastizität (vgl. Gössling und Cohen 2014), die sich je nach Region, Milieu und Wohnumfeld unterscheiden kann. Auch darf die soziale Dimension bei steuerlichen Maßnahmen nicht außer Acht gelassen werden. So wirkt eine absolute Mobilitätsabgabe bei niedrigen Haushaltseinkommen in Relation stärker, als bei höheren Einkommensklassen. Jedoch gibt es auch hierfür Gegenmaßnahmen, wie eine spezifische Ausnahme niedriger Einkommensklassen (Sozialticket) oder eine nach Einkommen gestaffelte Abgabe, wie beispielsweise die Geldstrafen bei Verkehrsverstößen in Finnland. Nichtsdestotrotz entfalten steuerliche Maßnahmen des Mobilitätsmanagements insbesondere langfristig deutliche Wirkungen. Beispiele hierfür finden sich im europäischen Ausland, wie die Citymautsysteme in London und Stockholm oder der Mehrwertsteueranteil auf Bahntickets, der in Deutschland jüngst von 19 % auf 7 % reduziert wurde. Aktuell werden steuerliche Maßnahmen des Mobilitätsmanagements in Bezug auf eine Flugsteuer und eine allgemeine CO_2-abhängige Verkehrsmittelbesteuerung diskutiert. Hier wird deutlich, dass die bereits implementierten angebotsorientierten Maßnahmen in Europa, wie die Subvention des Umweltverbundes, nicht ausreichen, um die Mobilität nachhaltig zu verändern. Restriktive Maßnahmen stellen in Hinblick auf eine Integrierte Verkehrsplanung mit effektiver Wirkung also eine wichtige Ergänzung zu den angebotsorientierten Maßnahmen dar.

Das zweite Feld restriktiver Maßnahmen im Mobilitätsmanagement ist die Ordnungspolitik. In Abgrenzung zu den steuerlichen Maßnahmen werden die ordnungspolitischen Maßnahmen notfalls mit Repressionen durchgesetzt, entziehen also dem Individuum jegliche Auswahlmöglichkeit. Können wir bei einer City-Maut noch entscheiden, ob der Preis den Ertrag rechtfertigt, so ist ein Einfahrverbot in die Innenstadt für uns alternativlos. Unterstützt durch entsprechende Verordnungen und Gesetze sowie die Exekutivgewalt des Staates können diese Maßnahmen ebenso restriktive Wirkungen entfalten wie bauliche Veränderungen. Zunächst generieren sich ordnungspolitische Maßnahmen damit zur finanziell günstigen Alternative, um kurzfristig und wirkungsvoll Eingriffe in Verkehr und Mobilität vorzunehmen. Im Detail sind diese Maßnahmen jedoch auch mit hohen politischen Kosten und zeitlichen Aufwendungen verbunden, was eine Implementierung im Vergleich zu finanziell aufwendigen Maßnahmen sogar erschweren kann. Weiterhin müssen ordnungspolitische Maßnahmen nicht nur durch Gesetze, sondern in der Operationalisierung auch durch Kontrollen und Sanktionen gedeckt werden. Ist dies nicht der Fall, lässt die Wirkung der Maßnahme nach. Ein Beispiel hierfür sind die ordnungspolitischen Maßnahmen im Verkehrsbereich. So führt eine fehlende Überwachung des Parkraums sowie niedrige Geldstrafen dazu, dass die eigentlich mögliche Wirkung einer Parkraumbewirtschaftung nicht ausgeschöpft wird. Eine Anpassung der gesetzlichen Rahmenbedingungen (StVO-Novelle) ist in diesem Fall also ebenso wichtig wie eine personell gut aufgestellte Kontrollbehörde (Ordnungsamt).

Für das Mobilitätsmanagement lassen sich eine Vielzahl an unterschiedlichen ordnungspolitischen Maßnahmen identifizieren. Zu nennen sind hier zunächst die verkehrsmittelbezogenen Restriktionen. Diese reichen von Fahrverbotszonen für bestimmte Verkehrsmittel bis hin zu Wohnquartiersauflagen, wie beispielsweise in autofreien Stadtgebieten. Das Ziel dieser Maßnahmen besteht darin, spezifische Verkehrsmöglichkeiten aus dem individuellen Möglichkeitsraum zu entfernen. Bei auflagengebundenen Wohnquartieren wird in der Regel der Besitz eines persönlichen PKWs untersagt und somit eine Verkehrsmöglichkeit für die Anwohnenden ausgeschlossen. Hierbei wird es umso wichtiger, den Betroffenen die positiven Effekte, wie mehr Aufenthaltsqualität, und alternative Angebote zu verdeutlichen, um die Akzeptanz für die ordnungspolitischen Maßnahmen zu erhöhen. Aber auch die juristisch begründeten verkehrsmittelbezogenen Fahrverbote in deutschen Großstädten könnten im Rahmen einer integrierten Verkehrsplanung auch gezielt eingesetzt werden. Hier wäre die Aufgabe der ordnungspolitischen Mobilitätsmanagementmaßnahmen, die negativen Effekte eines bestimmten Mobilitätsverhaltens, wie beispielsweise der Diesel-PKW-Besitzer, zu reduzieren und damit einen gesamtgesellschaftlichen Mehrwert zu sichern. Die ordnungspolitischen Maßnahmen sind somit für das Mobilitätsmanagement unverzichtbar, wenn im Sinne einer Integrierten Verkehrsplanung effektiv in das Verkehrssystem eingegriffen werden soll.

Analog zu den angebotsorientierten Maßnahmen können auch die restriktiven Maßnahmen auf verschiedenen Wirkungsebenen konzipiert werden (vgl. Tab. 3.2). In diesem Fall sind zielgruppenspezifische Maßnahmen in der Regel auf eine bestimmte Verkehrsmittelnutzergruppe ausgerichtet. Auch hier gilt, dass eine Kombination verschiedener Maßnahmenkategorien ebenso wie Wirkungsebenen sinnvoll sein kann. Für die restriktiven Maßnahmen insgesamt gilt jedoch analog den angebotsorientierten Maßnahmen, dass eine Kombination und Abstimmung dieser beiden Kategorien die größten Synergieeffekte verspricht (Push & Pull).

Tab. 3.2 Beispiele für restriktive Maßnahmen des Mobilitätsmanagements im In- und Ausland

	Lenkungssteuer	Ordnungspolitik
Individuell	• Einkommensabhängige Verkehrsgebühren	• Wohnauflagen für autofreie Quartiere • Persönliches CO_2-Budget
Zielgruppen-spezifisch	• Diesel-PKW-Abgabe • Inlandsflugsteuer	• Umweltzone • Lieferverbotszonen
Kollektiv	• CO_2-Steuer • City-Maut	• Promillegrenze • Dienstreiserichtlinien

Zusammenfassend bietet das Mobilitätsmanagement der Integrierten Verkehrsplanung vielfältige neue Optionen, um gestaltend in das Verkehrssystem einzugreifen. Insbesondere durch den Perspektivwechsel von der Infrastruktur zum Menschen ergeben sich gänzlich neue Möglichkeiten, aber auch Herausforderungen. Prinzipiell interagieren Maßnahmen des Mobilitätsmanagements immer mit den individuellen Möglichkeitsräumen der Menschen; mit unmittelbarer Wirkung auf Alltag und Lebenswirklichkeit. Deshalb ist insbesondere für das Mobilitätsmanagement von besonderer Bedeutung, gemeinsam mit den Menschen und Akteuren vor Ort die Strategien und Maßnahmen partizipativ abzustimmen. Kann neben dieser erfolgreichen vertikalen Integration auch noch die Integration anderer Planungsfelder wie Verkehr und Infrastruktur als auch die Integration benachbarter Planungsräume gelingen, eröffnet das Mobilitätsmanagement wertvolle Handlungsspielräume, um die verkehrspolitischen Leitbilder effektiver zu verwirklichen. Hierfür bietet Mobilitätsmanagement einen ganzen Werkzeugkasten von Maßnahmen an, mit denen unterschiedliche Ziele erreicht oder innovative Strategien entwickelt werden können (vgl. Abb. 3.8).

Abb. 3.8 Der „Werkzeugkasten" des Mobilitätsmanagements. (Eigene Darstellung)

Maßnahmenfelder Mobilitätsmanagement				
Angebotsorientierte Maßnahmen			*Restriktive Maßnahmen*	
Information	Kommunikation	Subvention	Lenkungssteuer	Ordnungspolitik

PULL   PUSH

Was Sie aus diesem *essential* mitnehmen können

- In Hinblick auf die soziale und ökologische Nachhaltigkeit ist eine radikale Anpassung der praktizierten Strategien notwendig, wenn die selbstgesteckten Ziele bezüglich sozialer Kohäsion und Klimaerwärmung erreicht werden sollen.
- Insbesondere der Verkehrsbereich hat großen Nachholbedarf, wenn es darum geht seine negativen Effekte auf Klima, Umwelt und Menschen einigermaßen zu reduzieren. Die drei Nachhaltigkeitsstrategien geben Hinweise, mit welchen Maßnahmenfeldern das Mobilitätsmanagement hierzu einen positiven Beitrag leisten kann.
- Mobilität unterscheidet sich grundlegend von Verkehr und Infrastruktur dahin gehend, dass sie etwas prinzipiell Menschliches ist und nicht mit technischen oder bauliches Maßnahmen adäquat gemanagt werden kann.
- Mobilitätsmanagement hat die Möglichkeit, Verkehr zu verhindern, bevor er überhaupt entsteht. Deshalb ist Mobilitätsmanagement ein wichtiger Bestandteil einer Integrierten Verkehrsplanung und muss vollwertig neben dem Verkehrs- und Infrastrukturmanagement institutionalisiert werden.
- Mobilität wird neben den räumlichen und sozialen Strukturen auch von individuellen Faktoren und kulturellen Normen beeinflusst. Deshalb ist ein systematisches Mobilitätsmanagement von vorherein partizipativ angelegt, um die Vielzahl der Akteure in den Planungsprozess mit einzubeziehen.
- Mobilitätsmanagement bietet ein breites Spektrum an unterschiedlichen Maßnahmen aus den Feldern der Information, der Kommunikation, der Subvention, der Finanzabgaben und der Ordnungspolitik. Erfolgreiche Mobilitätsmanagementkonzepte bedienen sich vieler unterschiedlicher Maßnahmenfelder und kombinieren restriktive und angebotsorientierte Maßnahmen, um die verkehrspolitischen Ziele effektiv zu erreichen.

- Die Integrierte Verkehrsplanung hat mit dem Mobilitätsmanagement ein neues Maßnahmenfeld hinzugewonnen. Diese Erweiterung der Handlungsspielräume geht jedoch einher mit neuen Herausforderungen. Hierzu zählt die Entwicklung neuartiger Methoden zur Mobilitätsmessung, partizipative Verfahren zur Zieldefinition und mobilitätsbezogene Maßnahmen zur erfolgreichen Umsetzung.

Literatur

Aguilera, Anne; Boutueil, Virginie (2018). Urban Mobility and the Smartphone. Transportation, Travel Behavior and Public Policy. Amsterdam: Elsevier.

Alvaredo, Facundo/ Lucas Chancel/ Thomas Piketty/ Emmanuel Saez/ Gabriel Zucman (Hrsg.) (2018). Die weltweite Ungleichheit. Der World Inequality Report. München.

Becker, Udo J. (2016). Grundwissen Verkehrsökologie: Grundlagen, Handlungsfelder und Maßnahmen für die Verkehrswende. München.

Berger, Lars/ Andreas W. Mues (Hrsg.) (2019). Soziale Dimensionen von Natur- und Umweltschutz. Ergebnisse einer DACH-Studie. BfN-Skripten 535. Bonn.

BMUB – Bundesministerium für Umwelt, Naturschutz und Reaktorsicherheit (2020). Kopf an: Motor aus. Für null CO2 auf Kurzstrecken. http://www.kopf-an.de/die-kampagne/. Zugegriffen: 28.02.2020.

BMVI – Bundesministerium für Verkehr und digitale Infrastruktur (2018). „Blaue Plakette wäre Einstiegsdroge". Interview mit Andreas Scheuer von der Rheinischen Post am 29.03.2018. Online verfügbar unter: https://www.bmvi.de/SharedDocs/DE/RedenUndInterviews/2018/Verkehr/scheuer-interview-rheinischepost-29032018.html. Zugegriffen: 28.02.2020.

BMVI – Bundesministerium für Verkehr und digitale Infrastruktur (2019a). Neue Autobahnplakate 2019. https://www.runtervomgas.de/news/artikel/neue-autobahn-plakate-2019.html. Zugegriffen: 28.02.2020.

BMVI – Bundesministerium für Verkehr und digitale Infrastruktur (2019b). „Looks like shit. But saves my life." – Neue Verkehrssicherheitsaktion von BMVI und DVR mit prominenter Unterstützung gestartet. Pressemitteilung 21/2019. https://www.bmvi.de/SharedDocs/DE/Pressemitteilungen/2019/021-scheuer-runter-vom-gas.html. Zugegriffen: 28.02.2020.

BMVI – Bundesministerium für Verkehr und digitale Infrastruktur: „Blaue Plakette wäre Einstiegsdroge". Interview mit Andreas Scheuer von der Rheinischen Post am 29.03.2018. Online verfügbar unter: https://www.bmvi.de/SharedDocs/DE/RedenUndInterviews/2018/Verkehr/scheuer-interview-rheinischepost-29032018.html. Zugegriffen: 28.02.2020.

O. Schwedes und A. Rammert, *Mobilitätsmanagement,* essentials,
https://doi.org/10.1007/978-3-658-30390-7

Boltze, Manfred; Groer, Stefan (2012). Drittnutzerfinanzierung des Öffentlichen Personennahverkehrs. Maßnahmen und Empfehlungen zur Umsetzung. In: Zeitschrift für Verkehrswissenschaften, Heft 3_01. 135–159.

Brodcchi, Davide (2019). Nachhaltigkeit und soziale Ungleichheit: Warum es keine Nachhaltigkeit ohne soziale Gerechtigkeit geben kann. Wiesbaden.

Czada, Roland (1991). Regierung und Verwaltung als Organisatoren gesellschaftlicher Interessen. H. Hartwich, G. Wewer (Hrsg.) Regieren in der Bundesrepublik, Band III, 151–173. Lesker&Budrich, Opladen.

Diao, Mi (2019). Towards sustainable urban transport in Singapore: Policy instruments and mobility trends. In: transport Policy, Vol. 81. Elsevier, S. 320–330.

Daubitz, Stephan; Schwedes, Oliver; Klindworth, Vanessa (2015). Von der Verkehrserziehung zur Mobilitätsbildung. IVP-Discussion Paper, 2015 (1). Berlin.

Deutscher Städtetag (Hrsg.) (2017). Erwartungen und Forderungen des Deutschen Städtetages an den neuen Bundestag und die neue Bundesregierung. Beiträge des Deutschen Städtetages zur Stadtpolitik – Band 110.

FES – Friedrich-Ebert-Stiftung (Hrsg.) (2019). Hürden auf dem Weg zur Zukunftsstadt. Strategien für eine integrierte Stadt- und Verkehrspolitik. WISO Diskurs 12/2019. Berlin.

FGSV – Forschungsgesellschaft Straßen- und Verkehrswesen (2018). Empfehlungen zur Anwendung von Mobilitätsmanagement. Köln.

Gössling, S. & Cohen, S. (2014). Why sustainable transport policies will fail: EUclimate policy in the light of transport taboos. Journal of Transport Geography, 39, 197-207, https://doi.org/10.1016/j.jtrangeo.2014.07.010.

Holz-Rau, Christian (2018). Verkehr und Verkehrswissenschaft. In: O. Schwedes (Hrsg.) Verkehrspolitik. Eine interdisziplinäre Einführung, 115–141. Springer VS, Wiesbaden.

Krause, Juliane (2017). Partizipation und Beteiligung bei kommunalen Verkehrsprojekten. In: Tilman Bracher et al. (Hrsg.). Handbuch der kommunalen Verkehrsplanung, Loseblattsammlung, Beitragsnummer 3.2.2.1. VDE Verlag, Berlin & Offenbach.

Kutter, Eckhard (2016). Siedlungsstruktur und Verkehr: Zum Verständnis von Sachzwängen und individueller Verkehrserreichbarkeit in Stadtregionen. In: Oliver Schwedes et al. (Hrsg.) (2016). Handbuch Verkehrspolitik, 2. Auflage. Springer VS. Wiesbaden, S. 211–236.

Leutzbach, Wilhelm (1972). Einführung in die Theorie des Verkehrsflusses. Berlin & Heidelberg.

List, Friedrich (1838). Das deutsche National-Transport-System in volks- und staatswirtschaftlicher Beziehung. In: Staats-Lexikon oder Encyklopädie der Staatswissenschaft. Hrsg. v. Carl von Rotteck und Carl Welcker. Bd. 4. Altona 1838.

Luks, Fred (2010). Endlich im Endlichen. Warum die Rettung der Welt Ironie und Großzügigkeit erfordert. Marburg.

Linz, Manfred (2017). Wie Suffizienzpolitiken gelingen: Eine Handreichung. Wuppertal Spezial, No. 52. Wuppertal Institut für Klima, Umwelt, Energie, Wuppertal.

Meadows, Donella H./ Dennis L. Meadows (1972). Die Grenzen des Wachstums. Stuttgart.

Meyer, Michael D. (1999). Demand management as an element of transportation policy: using carrots and sticks to influence travel behavior. Transportation Research Part A 33, S. 575–599.

Morton, Timothy (2016). Ökologie ohne Natur. Eine neue Sicht der Umwelt. Berlin.

Monheim, Heiner (2008). Die Autofixierung der Verkehrspolitik. Warum die ökologische Verkehrswende bisher nicht vorankommt und wie sich das ändern ließe. In: Monheim, Heiner; Zöpel, Christoph (Hrsg.). Raum für Zukunft. Zur Innovationsfähigkeit von Stadtentwicklungs- und Verkehrspolitik, 2. überarbeitete und ergänzte Auflage, 324–340. Klartext Verlag, Essen.

Nachtwey, Oliver (2016). Die Abstiegsgesellschaft. Über das Aufbegehren in der regressiven Moderne. Frankfurt M.

NPM – Die nationale Plattform Zukunft der Mobilität (2018). Die Struktur der Plattform. https://www.plattform-zukunft-mobilitaet.de/die-npm/. Zugegriffen: 28.02.2020.

Radkau, Joachim (2011). Die Ära der Ökologie. Eine Weltgeschichte. München.

Rammert, Alexander (2017). Integrierte Evaluation – Zur Bedeutung eines ganzheitlichen Evaluationsansatzes für eine nachhaltige Verkehrsentwicklung. IVP-Discussion Paper. Heft 3/2017. Berlin.

Randelhoff, Martin (2014). Vergleich unterschiedlicher Flächeninanspruchnahmen nach Verkehrsarten (pro Person). https://www.zukunft-mobilitaet.net/78246/analyse/flaechenbedarf-pkw-fahrrad-bus-strassenbahn-stadtbahn-fussgaenger-metro-bremsverzoegerung-vergleich/. Zugegriffen: 28.02.2020.

Reckwitz, Andreas (2019). Das Ende der Illusionen: Politik, Ökonomie und Kultur in der Spätmoderne. Frankfurt M.

Reutter, Ulrike; Stiewe, Mechthild (2019). Mobilitätsmanagement – in Deutschland angekommen?! In: Informationen zur Raumentwicklung, 1/2019. Bundesinstitut für Bau-, Stadt- und Raumforschung (BBSR).

Schmucki, Barbara (2001). Der Traum vom Verkehrsfluss: Städtische Verkehrsplanung seit 1945 im deutsch-deutschen Vergleich. Frankfurt M.

Schwedes, Oliver (2017a). Urban Mobility in a Global Perspective. An international camparison of the possibilities and limits of integrated transport policy and planning. Zürich.

Schwedes, Oliver (2017b). Verkehr im Kapitalismus. Münster.

Schwedes, Oliver; Sternkopf, Benjamin; Rammert, Alexander (2017c). Mobilitätsmanagement. Möglichkeiten und Grenzen verkehrspolitischer Gestaltung am Beispiel Mobilitätsmanagement. Abschlussbericht. Fachgebiet Integrierte Verkehrsplanung. Berlin.

Schwedes, Oliver (2018). Verkehrspolitik als Gesellschaftspolitik. In: O. Schwedes (Hrsg.) Verkehrspolitik. Eine interdisziplinäre Einführung. Wiesbaden, S. 3–24.

Schwedes, Oliver; Sternkopf, Benjamin; Rammert, Alexander (2018). Mobilitätsmanagement – Vom Planungsideal zum verkehrspolitischen Instrument. In: O. Schwedes (Hrsg.) Verkehrspolitik. Eine interdisziplinäre Einführung, Wiesbaden, S. 181–207.

Schwedes, Oliver; Daubitz, Stephan; Rammert, Alexander; Sternkopf, Benjamin; Hoor, Maximilian (2018). Kleiner Begriffskanon der Mobilitätsforschung. IVP-Discussion Paper. 1/2018. Berlin.

Schwedes, Oliver (2020). Innovationsfeld Verkehr. In: Birgit Blättel-Mink/Ingo Schulz-Schaeffer/Arnold Windeler (Hrsg.) Handbuch Innovationsforschung. Wiesbaden (i.E.).

Schwedes, Oliver; Rammert, Alexander (2020a). Moderne Verkehrspolitik. In: Siebenpfeiffer, W. (Hrsg.) (2020). Zukunftsfähige Mobilität. Springer VS (i.E.).

Schwedes, Oliver; Rammert, Alexander (2020b). Integrierte Verkehrsplanung. IVP-Discussion Paper. 2/2020. Berlin.

SenUVK – Senatsverwaltung Umwelt, Verkehr und Klimaschutz (2019). Basisbericht Umweltgerechtigkeit. Grundlagen für die sozialräumliche Umweltpolitik. Berlin.

Smith, Adam (2009/ 1776). Der Wohlstand der Nationen. Eine Untersuchung seiner Natur und seiner Ursachen. München.

Sommer, Jörg, 2017: Kursbuch Bürgerbeteiligung. Berlin Institut für Partizipation. Berlin.

SRU – Sachverständigenrat Umwelt (2017). Umsteuern erforderlich: Klimaschutz im Verkehrssektor. Sondergutachten. Berlin.

Steg, Linda; Groot, Judith de (2010). Explaining prosocial intentions: Testing causal relationships in the norm activation model. In: Britisch Journal of Social Psychology, 49. 725—743.

TFL – Transport For London (2020). Legible London. https://tfl.gov.uk/info-for/boroughs/legible-london. Zugegriffen: 28.02.2020.

UBA – Umweltbundesamt (2015). Auswertung der Wirkung von Umweltzonen auf die Erneuerung der Fahrzeugflotten in deutschen Städten: Sachverständigengutachten, Texte 08/2015. Umweltbundesamt, Dessau-Roßlau.

UBA – Umweltbundesamt (2020). Homepage Verkehr. http://www.umweltbundesamt.de/daten/verkehr. Zugegriffen: 28.02.2020.

UN Environment (2019). Global Environment Outlook. Healthy Planet, Healthy People. Cambridge.

WWF – World Wide Fund For Nature (2018). Living Planet Report. Gland, Schweiz.

springer.com

Jetzt im Springer-Shop bestellen:
springer.com/978-3-658-28369-8